LE P'TIT **CRAP**AHUT

en

AUVERGNE

Autour de Clermont-Ferrand, chaîne des Puys, massif du Sancy, Limagne, pays de Billom

---

JEAN-MICHEL BERNARDON

Glénat

Photo de couverture : les roches Tuilières et Sanadoire.

Toutes les images sont de l'auteur

Conception maquette, prépresse et fabrication : Glénat Production (Grenoble)

Éditions Glénat
Couvent Sainte-Cécile – 37, rue Servan – 38000 Grenoble

ISBN : 978-2-344-02680-9
Dépôt légal : avril 2018

Certifié PEFC
Ce produit est issu de forêts gérées durablement, de sources recyclées et contrôlées
PEFC
PEFC/14-38-00202
www.pefc-france.org

Marcher, c'est aimer et épouser la Terre, celle qui nous porte, nous valorise et nous nourrit. C'est favoriser l'étonnement et la curiosité… C'est aussi ne pas oublier que la géodiversité soutient et sous-tend la biodiversité. C'est donner vie à toutes les dimensions à son immensité, du sous-sol, souvent ignoré de tous, à la plus petite molécule de notre chère atmosphère. C'est prendre conscience de son unicité pour initier son respect et la soutenir durablement.

Pour marcher sur nos belles terres d'Auvergne, suivez le guide…
Jean-Michel Bernardon, accompagnateur en moyenne montagne et géologue, vous donne un florilège d'itinéraires à la rencontre des grands espaces et de l'intime biodiversité qui nous entoure… Son approche pluridisciplinaire vous mène tranquillement dans la découverte aussi bien des proches entrailles de la Terre que des êtres qui peuplent le Ciel. Ce passionné vous raconte la nature ordinaire, proche de la ville, favorisant presque la marche au sortir de chez soi.

Pratique dans ses moindres détails, ce topo-guide de découverte des terres d'Auvergne, symbiose entre nature et humanité, se déguste en balades courtes, d'accès faciles et, surtout, en famille.

Pierre Lavina,
géologue volcanologue

SOMMAIRE

CARTE GÉNÉRALE DE SITUATION DES BALADES

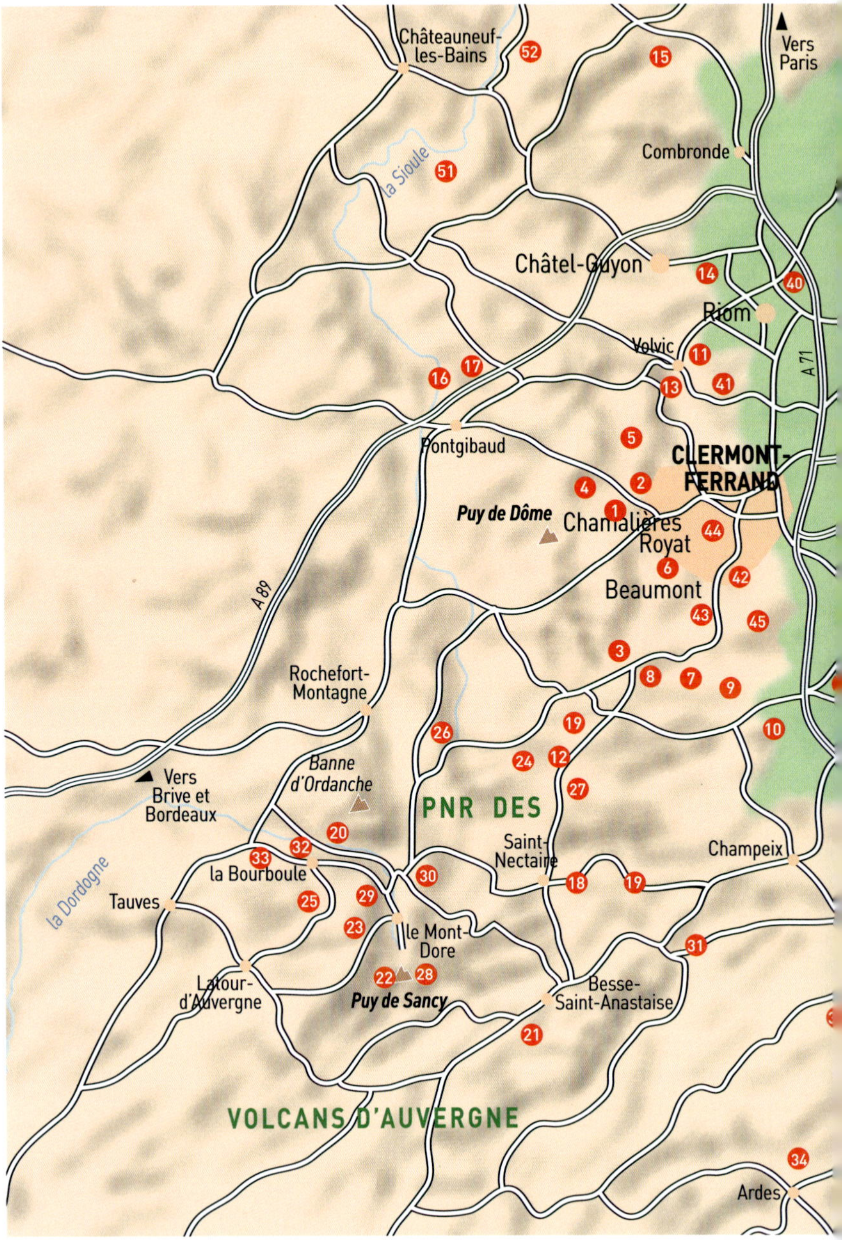

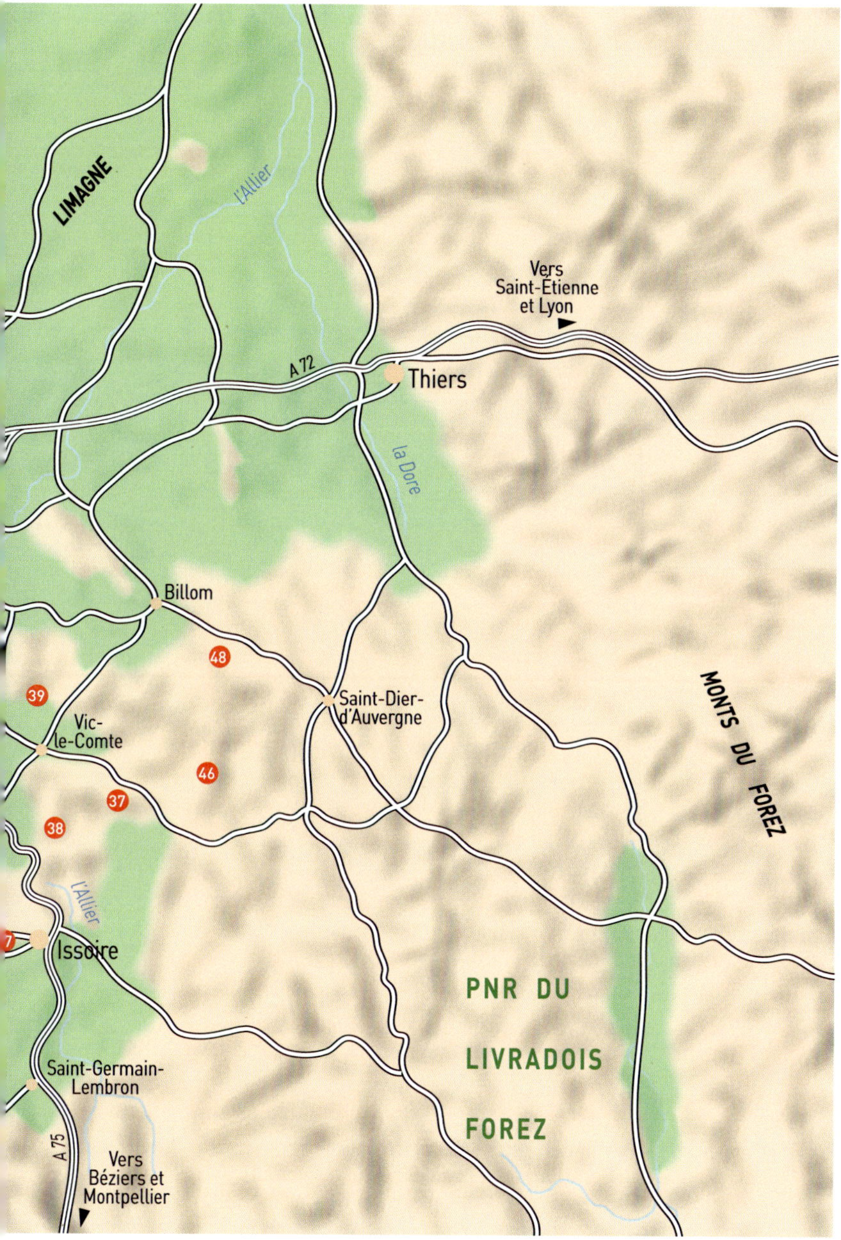
LIMAGNE
l'Allier
Vers
Saint-Étienne
et Lyon
A 72
Thiers
la Dore
Billom
48
39
Saint-Dier-
d'Auvergne
Vic-
le-Comte
46
37
38
MONTS DU FOREZ
l'Allier
Issoire
PNR DU
LIVRADOIS
FOREZ
Saint-Germain-
Lembron
A 75
Vers
Béziers et
Montpellier

LA CARTE

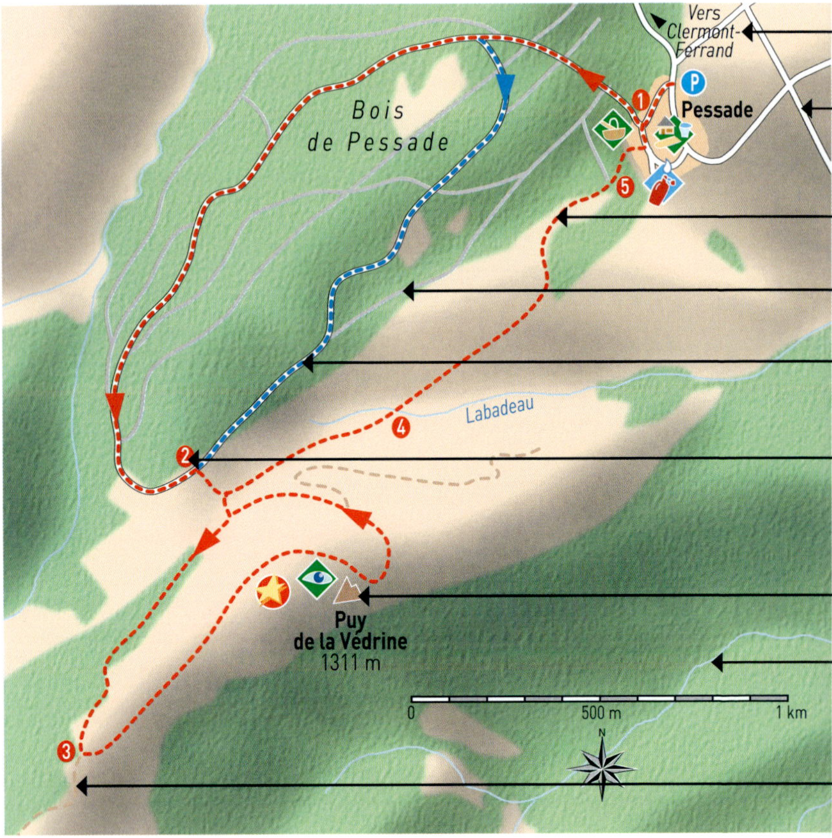

LES NIVEAUX DE DIFFICULTÉ

Balades faciles, généralement courtes, sur des sentiers et chemins corrects, en pente douce et comportant peu de dénivelé.

Balades sur des terrains plus variés mais sans risque notable, comportant des passages plus raides.

Balades (voire petites randonnées) plus difficiles, souvent plus longues, sur des parcours plus tourmentés ou des pentes plus soutenues. Elles peuvent aussi comporter de courts passages où il faut s'aider des mains, des endroits où la prudence est de règle, des zones où il faut être attentif pour éviter de se perdre.

- Direction, ville repère
- Route, piste carrossable
- Itinéraire de balade
- Chemin, piste
- Variante, ou autre accès à la balade
- Point jalon permettant un repérage immédiat sur la carte à partir du descriptif (et vice-versa)
- Sommet
- Cours d'eau
- Sentier

LES PICTOS

- Parking, point de départ de la balade
- But de la balade
- Coin pique-nique (aménagé ou non)
- Bistrot, casse-croûte, resto, gîte…
- Point d'eau potable
- Citerne
- Point de vue
- Transports en communs
- Curiosité naturelle
- Patrimoine religieux
- Curiosité historique
- Village remarquable
- Grotte
- Aire de loisirs (jeux pour enfants…)
- Loisirs nautiques
- Cascade
- Escalade

UN PEU D'HISTOIRE

Peuplée avec certitude depuis le néolithique, l'Auvergne connaît la civilisation du bronze par les envahisseurs ibères et ligures que repoussent les Arvernes celtes installés déjà auparavant. Pour contrer l'avancée romaine, la lutte des Arvernes est menée deux fois. Le chef Bituitos est défait en 121 av. J.-C. par le consul Fabius Maximus, mais les Romains ne peuvent organiser l'occupation du territoire. En 52 av. J.-C., Vercingétorix, fils de Celtillos, est quant à lui victorieux à l'oppidum de Gergovie (lieu controversé) contre les légions de Jules César qu'il repousse jusqu'à la Saône. Malgré ce succès, le chef gaulois doit capituler quelques mois plus tard à Alesia pour demander au futur empereur d'épargner son peuple.

L'Auvergne gallo-romaine se rattache à la province d'Aquitaine ; elle devient prospère, notamment grâce à l'agriculture et la poterie (Lezoux). La capitale prend le nom de Nemetum puis Augustonemetum, le futur Clermont-Ferrand, autour duquel le thermalisme (Mont-Dore, Saint-Nectaire, La Bourboule, Royat...) et les centres religieux (temple de Mercure au sommet du Puy-de-Dôme) sont réputés. Le christianisme fait son apparition autour du IIIe siècle comme en témoigne le passage de prêcheurs venus évangéliser la province comme Nectaire, Austremoine,

Chapelle perchée de Saint-Hérent près de Boudes.

Alyre, Baudime, Auditeur... Un sénat et le droit de bourgeoisie romaine sont accordés à la capitale auvergnate comme grands privilèges, la période est florissante. Mais à partir du Ve siècle, de nombreuses invasions et prises du territoire entraînent destructions et pillages pendant plusieurs siècles. La contrée passe sous domination successive des Wisigoths (474), des Huns, et des Francs (507), comme en témoignent les récits des évêques Sidoine Apollinaire et Grégoire de Tours. Puis ce fut le tour des Sarrasins (732), des Carolingiens (761), et de quelques incursions normandes. Disputée au IXe et Xe siècles entre les maisons de Poitiers et de Toulouse, la région forme dès 979 un comté héréditaire, la féodalité s'installe et l'Auvergne est régie par des seigneurs locaux et de petits fiefs ecclésiastiques. La première croisade pour délivrer Jérusalem est prêchée à Clermont par Pierre l'Hermite sous l'autorité d'Urbain II en 1095. Du Xe au XIIe siècle, l'architecture romane connaît un essor florissant, les églises se multiplient. Au XIVe siècle, les seigneurs locaux s'allient temporairement pour tenter de lutter contre les Anglais pendant la guerre de Cent Ans. La fin du Moyen Âge constitue une période trouble faite de pillages par les routiers anglais ; la région n'est pas épargnée par les guerres intestines entre protestants et catholiques et l'ordre n'est rétabli que tardivement.

Creste et le pic de Montemoi.

Buste de saint Baudime (détail).

Détails de chapiteaux de l'église de Saint-Nectaire.

En 1630, un traité vise à réunir Clermont et Montferrand. Louis XIV décrète en 1665 « les Grands jours d'Auvergne », période pendant laquelle se multiplient les procès destinés à rétablir et affirmer l'autorité royale. À la même époque, Blaise Pascal, né à Clermont, publie *Les Pensées*, développe une machine à calculer très perfectionnée, la pascaline, et envoie son beau-frère Florian Perrier mesurer la pression atmosphérique à l'aide d'une colonne de mercure sur les flancs du Puy-de-Dôme.

Au XVIIIe siècle, malgré les efforts de ses intendants (Trudaine, Ballainvillers, Montyon), la région reste à l'écart de l'essor économique, et ni la Révolution, ni le développement du XIXe siècle n'amènent de profonds changements : par son enclavement géographique, l'Auvergne reste rurale et pauvre ce qui provoque un exode massif vers Paris. Très anciennement implanté, le vignoble local profitera de l'épidémie de phylloxéra qui frappe dès 1870 celui du Midi pour prendre une place de choix sur le marché français. Malheureusement, la fin de siècle verra les cépages auvergnats subir le même sort que leurs voisins du Sud. Ce déclin agricole favorisera l'industrialisation et l'urbanisation du bassin clermontois. La capitale régionale est la première ville française dotée d'un

Le puy de Dôme versant nord.

tramway électrique (1889) et l'entreprise Michelin, reine du pneumatique, prospère et favorise la croissance industrielle. Des hommes feront l'histoire : Valéry Giscard d'Estaing, député du Puy-de-Dôme et maire de Chamalières, succèdera à la présidence de la République à Georges Pompidou, un Cantalien.

Le temps efface peu à peu les marques de l'histoire. Du prestigieux passé romain, ne subsiste que le temple de Mercure au sommet du puy de Dôme et quelques vestiges de constructions exhumées ça et là par les fouilles archéologiques. En revanche plusieurs dizaines de châteaux ont pu traverser les siècles pour le plaisir des yeux et des passionnés de constructions médiévales. L'art roman occupe également une place prépondérante dans l'édification religieuse locale (Orcival, Issoire, Saint-Nectaire, Mozac, Saint-Saturnin...) ; le gothique a son sanctuaire majeur en lieu et place de Notre-Dame-de-l'Assomption à Clermont-Ferrand, véritable « diamant noir » de l'architecture dont les flèches sont visibles à des lieues à la ronde. Hormis le bassin de la capitale régionale et les sous-préfectures, les traces d'urbanisme sont rares et la ruralité domine.

La tour de Montpeyroux.

LE PATRIMOINE NATUREL

Mais ce n'est pas tant les vicissitudes de son histoire qui caractérisent l'Auvergne mais son patrimoine naturel exceptionnel. Des Combrailles au Dauphiné d'Auvergne en passant par la chaîne des Puys et le massif du Sancy, le Puy-de-Dôme offre un large éventail de merveilleux paysages. Le volcanisme constitue la particularité locale que l'on peut segmenter en trois entités. Le massif du Sancy est un strato-volcan d'environ 600 km^2, autrement dit le troisième plus grand d'Europe, dont la chronologie s'étale sur près de 4 millions d'années ; le Cézallier est une planèze, intermédiaire entre le Cantal et le Sancy. La chaîne des Puys est un alignement d'orientation nord-sud d'environ 80 édifices volcaniques monogéniques dont les éruptions se sont terminées il y a 8 000 ans et 6 900 ans au lac Pavin.

Ce guide vous invite à venir découvrir les chemins de cette contrée façonnée par ce volcanisme, les ères glaciaires, les rivières, le bassin d'effondrement de la Limagne et les hommes. Les différences d'altitude entre montagnes, plaines, et plateaux offrent d'importants contrastes climatiques sur de courtes distances engendrant une biodiversité végétale extrême ; il pleut trois fois moins à Boudes qu'au puy de Sancy ! Les tourbières du Cézallier recèlent des plantes reliques de la dernière glaciation tandis que le sud de la région d'Issoire possède une végétation

Sur les chemins du puy de Roche Courbière.

submédıterranéenne. Cette variété de milieux entraînant une biodiversité végétale engendre à son tour une biodiversité entomologique et animale. Ainsi, la région n'abrite pas moins de 349 espèces animales dont 208 oiseaux (173 nicheurs), 75 mammifères, 38 poissons, 14 reptiles et 14 amphibiens, ce qui en fait une des zones les plus riches du territoire métropolitain.

Outre l'aspect naturel de ses grands espaces, cette diversité s'exprime également dans son terroir. Plusieurs fromages AOP de renom (saint-nectaire, salers, fourme d'Ambert, bleu...) et une viande reconnue pour sa finesse grâce à la qualité de ses pâturages d'altitude sont à la base de nombreux plats agrémentés des légumes du potager. Cette cuisine de base liée aux activités humaines s'est enrichie des faveurs de Dame Nature : myrtilles, framboises, mûres, et gentianes viendront parfumer desserts et boissons. Sur ce chapitre, les nombreuses eaux minérales plates ou gazeuses aux vertus thérapeutiques dont la réputation dépasse largement les frontières trouvent leur place désaltérante à la table des gourmets. Mais ces derniers préfèreront les gamays, pinot noir et chardonnay des 500 hectares des côtes d'Auvergne qui trouvent leurs lettres de noblesse par l'avis favorable reçu en 2010 du Comité national des appellations d'origine pour le passage à l'AOC.

Désenclavée par l'aménagement de grands axes routiers au cours des trois dernières décennies, la région est aujourd'hui prête, grâce à ses nombreux charmes, à devenir une destination privilégiée du tourisme national et international.

Gentiane pneumonanthe (Gentiana pneumonanthe).

Scabieuse (Scabiosa) et doronic d'Autriche (Doronicum austriacum).

Harde de mouflons sur les crêtes (Ovis gmellini).

GLOSSAIRE

Avifaune : partie de la faune d'un lieu constituée par les oiseaux.

Buron : habitation d'altitude en pierre couverte de lauzes destinée à la fabrication du fromage.

Grès : roche sédimentaire détritique contenant au moins 85 % de quartz.

Halophile : se dit d'une plante vivant dans un milieu salé.

Lahar : coulée boueuse à débris de roches volcaniques.

Lapilli : fragment de lave éjecté dont la taille varie de 2 à 64 mm.

Lépidoptère : insecte portant à l'état adulte quatre ailes membraneuses couvertes d'écailles colorées, synonyme de papillon.

Maar : cratère d'éruption phréatomagmatique.

Monogénique : se dit d'un volcan ayant eu une seule éruption.

Phréatomagmatisme : ensemble des phénomènes engendrés par le contact des eaux souterraines superficielles et d'un magma.

Planèze : plateau volcanique.

Puy : montagne locale (étymologie : *podium*), souvent d'origine volcanique.

Rase : canal de drainage creusé dans une prairie d'altitude.

Scorie : fragment de lave vacuolaire de faible densité.

Stratovolcan : empilement de volcans sur une période de plusieurs centaines de milliers d'années à plusieurs millions d'années.

Tras : aménagement ancestral de buron creusé dans le sol et recouvert de branchages.

Würm : dernière glaciation du quaternaire, de -80 000 à -12 000 ans environ.

LES CONSEILS DU P'TIT CRAPAHUT

PETITES RANDONNÉES FACILES

Les itinéraires décrits dans ce guide sont facilement réalisables en famille. La plupart d'entre eux n'excèdent pas 3h30 de marche effective. Les horaires sont calculés sur la base de 3 km/h en terrain plat et 250 mètres de dénivelée à la montée. Ils ne tiennent pas compte des pauses. Soyez larges dans vos prévisions avec les enfants. Aucun itinéraire n'est dangereux; toutefois, certains passages demandent un peu d'attention lorsqu'ils dominent un cours d'eau ou surplombent un terrain à pic. Bien sûr, après une pluie ou une chute de neige, certains sentiers peuvent devenir glissants, boueux, voire impraticables. Il convient donc de se renseigner auprès des services adaptés en particulier l'hiver dans les secteurs supérieurs à 800 mètres d'altitude (PGM: 04 73 65 04 06). L'Auvergne véhicule l'image d'une montagne « à vaches » qui peut jouer de mauvais tours à certaines saisons et dans certains secteurs comme le Sancy. Il convient également de faire attention à la chute brutale des températures par mauvais temps l'été...

AVANT DE PARTIR

Choisissez vos balades selon vos envies, leur intérêt ou leur proximité. Pour chaque itinéraire, la distance à parcourir et le cumul des montées sont mentionnés. Ces deux informations vous permettent d'estimer l'effort à fournir. L'horaire indiqué a été calculé largement, mais il n'est qu'une estimation destinée à vous aider et à organiser votre demi-journée ou votre journée. Renseignez-vous sur les prévisions météorologiques. Munissez-vous d'un petit sac à dos dans lequel vous mettrez quelques affaires: vêtements chauds ou de pluie, casquette ou chapeau, lunettes

Sur les estives entre le Tenon et la Banne d'Ordanche.

Porte-tour carrée surmontée d'une bretèche à Montpeyroux.

Creste et le pic de Montemoi.

Le village de Montpeyroux.

La basilique d'Orcival.

solaires, appareil photo... Quelle que soit la longueur de l'itinéraire, emportez toujours à boire pour les enfants et pour vous. Emportez un peu d'argent. Des chaussures de marche sont préférables avec une semelle crantée pour procurer une bonne accroche au sol. Généralement, le point de départ est facile d'accès et le parking se fait sans difficulté

SUR LE TERRAIN

Inutile de presser le pas, surtout au départ. S'assurer que l'on est sur le bon chemin. Si l'on pense que l'on s'est trompé, ne pas hésiter à demander son chemin ou à le rebrousser jusqu'à l'intersection précédente pour tenter de reprendre la bonne direction. Le descriptif détaillé de chaque balade permet à chacun de suivre facilement l'itinéraire, et le dessin de la carte de visualiser le parcours. Les repères jalon (de ❶ à ❼) mentionnés dans le texte et sur la carte vous aident à suivre votre progression. Les balisages de traits de peinture ne sont pas systématiques et sont présents seulement sur certaines portions des itinéraires ! Ne vous laissez donc pas guider uniquement par un balisage ; fiez-vous en priorité au texte et à la carte. Empruntez les passages piétons aménagés dans la clôture ou près des barrières et refermez impérativement les clôtures. Attention aux clôtures électriques. Ne courez pas après les animaux et ne laissez pas divaguer votre chien à l'approche des fermes, des troupeaux ou des autres promeneurs. Sur certains itinéraires, notamment dans les réserves naturelles, les chiens ne sont pas autorisés. Une petite paire de jumelles sera bien utile pour détailler le paysage et voir de plus près la faune terrestre ou aquatique. En garant votre véhicule, prenez soin de ne pas gêner les autres ou le passage d'engins agricoles.

COORDONNÉES UTILES

Offices de tourisme

Aydat : 04 73 79 37 69
Besse et Saint-Anastaise : 04 73 79 52 84
Billom : 04 73 68 39 85
La Bourboule : 04 73 65 57 71
Ceyrat : 04 73 61 53 23
Chambon-sur-Lac : 04 73 78 65 10
Chateauneuf-les-Bains : 04 73 86 67 86
Châtel-Guyon : 04 73 86 01 17
Clermont-Ferrand : 04 73 98 65 00
Issoire : 04 73 89 15 90
Le Mont-Dore : 04 73 65 20 21
Le Vernet-la-Varenne : 04 73 71 39 76
Murat-le-Quaire : 04 73 65 53 13
Murol : 04 73 88 62 62
Orcines : 04 73 62 20 08
Pontgibaud : 04 73 88 90 99
Riom : 04 73 38 59 45
Saint-Nectaire : 04 73 88 40 48
Volvic : 04 73 33 58 73

Météo Puy-de-Dôme : 08 99 71 02 63

POUR LES CURIEUX

Aubière : musée de la Vigne et du Vin, 04 73 27 60 04
Besse : musée du Ski, 04 73 79 57 30
Clermont-Ferrand : Muséum d'histoire naturelle Henri Lecoq, 04 73 91 93 78 ; musée Bargouin, 04 73 42 69 70

Jasione humble (Jasione crispa), liste des fleurs protégées.

Nombreuses cueillettes possibles sur les chemins.

Gergovie : visite de la Maison de Gergovie, 04 73 79 42 98 ; Cervolix tous les ans début octobre, spectacle gratuit de cerfs-volants
Issoire : la Tour de l'Horloge, 04 73 89 07 70
Le Vernet-la-Varenne : la maison de l'Améthyste, 04 73 71 31 32
Lezoux : musée de la Céramique, 04 73 73 42 42
Saint-Sauves-d'Auvergne : le Monde merveilleux du Train et de la Miniature, 04 73 65 54 61
Sermentizon : château d'Aulteribe, 04 73 53 14 20
Saint-Ours-les-Roches : visite du puy de Lemptegy pour tout comprendre sur la chaîne des Puys, 04 73 62 23 25
Thiers : musée de la Coutellerie, 04 73 51 31 74
Volvic : visite de la maison de la Pierre façon scénomusée, 04 73 33 56 92

POUR LES GOURMANDS

Au Chambon-sur-Lac : Les Ruchers du Sancy, 04 73 88 65 62
À Montaleix : GAEC de l'Oiseau, fromage et charcuteries de la ferme, 06 12 07 65 78
À Orcival : chocolaterie et pâte de fruits, Maison Sabatier, 04 73 65 85 60
À Boudes : Le Clos des Monts (AB), Christophe et Fabienne Grayon, 04 73 55 33 41

Chapelle de la Fontaine de Notre-Dame à Orcival.

Distance : **8,5 km** | Dénivelé : **380 m** | Horaire : **3h30 (aller-retour)**

Le puy de Dôme depuis le puy de Pariou.

01. LE CLIERSOU ET LE PUY DE PARIOU

Cet itinéraire propose deux puys incontournables. Venez explorer les mystérieuses grottes du Cliersou et découvrir le cratère le plus emblématique de la partie nord de la chaîne des Puys, celui du puy de Pariou.

Depuis le grand parking des Goules, traverser la route (faire attention), prendre le chemin en contrebas des escaliers et longer le parc à moutons. Traverser une forêt mixte de hêtres et de noisetiers, parfois clairsemée, en laissant les pistes qui partent à gauche ❶. Après un bon kilomètre, dans une vaste prairie face au puy de Dôme, continuer à longer le flanc du puy de Pariou et prendre la large piste dégagée qui monte à droite. Au carrefour ❷, ignorer les escaliers à droite : possibilité d'emprunter un sentier intuitif qui s'enfonce dans les noisetiers entre le chemin qui s'élève à découvert et le chemin qui descend le long du Pariou. En cas de doute, descendre ce dernier et récupérer rapidement un chemin qui part à gauche dans la forêt entre deux puys. Au col, le chemin est plus dégagé ❸, prendre le deuxième sentier qui monte à droite et accéder aux grottes ; ne pas manquer de grimper sur le sommet du Cliersou pour admirer le paysage et constater qu'il n'y a pas de cratère car il s'agit d'un dôme. Descendre par le même sentier et récupérer les escaliers qui gravissent le Pariou. Au sommet, le panorama sur la partie nord est exceptionnel ! Faire le tour du cratère et ne pas se priver de descendre dedans. Respecter les accès au sentier pour ne pas favoriser la dégradation du site. Le retour par les marches est le plus facile, reprendre le chemin du départ au pied de l'escalier.

Accès : prendre la D 941 direction Pontgibaud. Passer Orcines puis, 500 m à droite après la Fontaine du Berger, accéder au grand parking (20 mn de Clermont).
Départ : grand parking entre la Fontaine du Berger et le col des Goules au bord de la D 941, 979 m (45°80 N/2°98 E)
But : deux puys exceptionnels dont un cône de scories et un dôme
Difficulté : les ascensions se font sur de courtes distances et peuvent sembler raides. Le chemin peut être parfois boueux.
Période(s) : d'avril à novembre. Attention aux chutes de neige précoces ou tardives.
Point culminant : puy Pariou, 1 209 m
Balisage : attention plusieurs balisages existent. Se fier au descriptif.
Carte : IGN Top 25 n° 2531 ET Chaîne des Puys
Infos : Syndicat d'initiatives d'Orcines, 04 73 62 20 08

DÔME ET CÔNE

Le Cliersou est un dôme de lave trachytique (assez visqueuse) dont les grottes sont le résultat de l'extraction rocheuse destinée à tailler des sarcophages durant le Haut Moyen-Âge (en particulier ceux de la nécropole d'Olby). Le Pariou est un cône de scories trachy-andésitique (fluide) daté à 9 500 ans environ ; son cratère fait 300 mètres de diamètre pour un peu plus de 90 mètres de profondeur et sa coulée a atteint les portes de Clermont-Ferrand !

+ P'TITS PLUS +

- Pour mieux comprendre le volcanisme, visite encadrée par un géologue accompagnateur en montagne, tél. 06 46 39 01 83.
- Le pique-nique c'est bien, mais L'Auberge de la Fontaine du Berger, c'est mieux ! Tél. 04 73 62 10 52.

Le puy de Cliersou.

Le puy de Pariou et ses scories rouges.

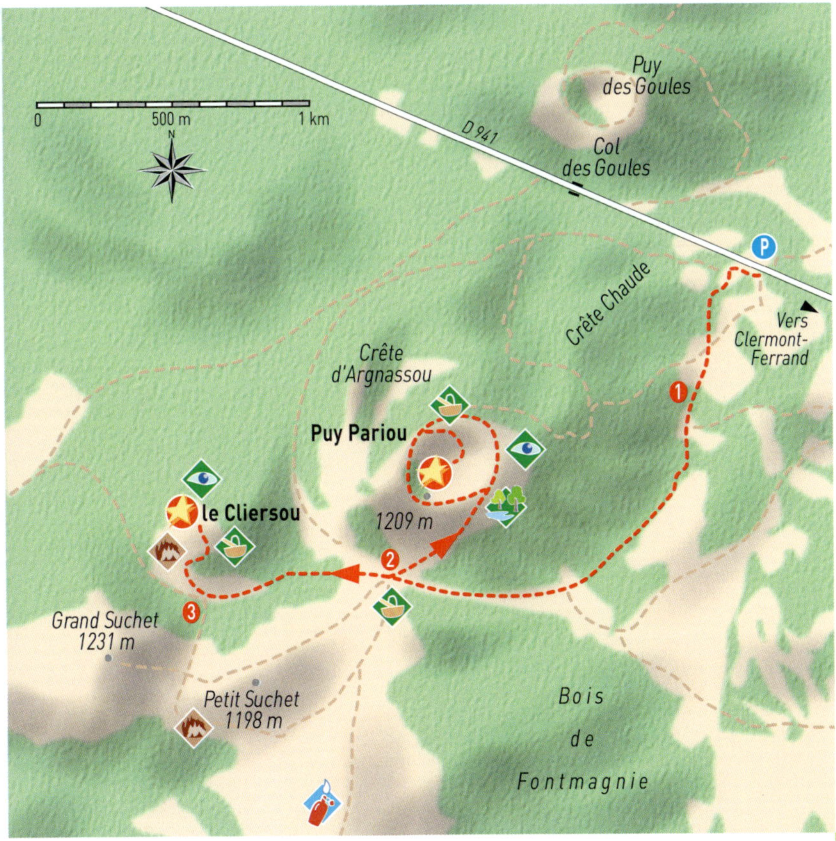

Distance : **5,6 km** | Dénivelé : **210 m** | Horaire : **2 h**

02. LE PUY DES GOULES ET LA GROTTE DU GRAND SARCOUI

Pour une découverte facile des volcans, cette balade vous entraîne dans la grotte d'un dôme et au sommet d'un cône avec cratère où le panorama sur la partie nord de la chaîne des Puys est grandiose.

Depuis le grand parking des Goules, revenir vers la route et prendre le premier chemin à gauche derrière une barrière en bois. Rejoindre une large piste carrossable sur la gauche et emprunter la première à gauche pour longer des prés ❶. Atteindre un chemin carrossable à l'entrée de la forêt ; obliquer à droite et franchir une barrière en bois à l'effigie du Parc naturel régional des volcans d'Auvergne ❷. Le chemin monte dans une hêtraie remarquablement fleurie en saison jusqu'à un col ❸ ; avancer jusqu'à la prochaine intersection et prendre le chemin qui grimpe à gauche ❹. Une fois sur la lèvre du cratère, faire le tour par la gauche et profiter du panorama. Traverser un court passage boisé avant de récupérer le même chemin à la descente pour parvenir au col laissé précédemment ❸ ; monter à gauche vers la grotte du Sarcoui ❺.
Le retour s'effectue par l'itinéraire de montée.

Variante : dans un angle au fond du parking de départ, emprunter une petite sente dans les orties sur quelques mètres, avant de rejoindre sur la gauche un chemin plus large. Celui-ci mène aux vestiges d'une ancienne carrière d'extraction de la coulée du puy de Pariou ❻.

LA GROTTE DU SARCOUI

L'étonnante grotte du puy de Sarcoui résulterait d'une carrière d'extraction pour des sarcophages depuis probablement l'époque mérovingienne. Sur sa partie droite, on devine le piquetage des outils utilisés, l'emplacement de coins en bois ainsi que la taille et la forme des pierres extraites. La roche – un trachyte –, facile à tailler, résulte du refroidissement lent d'une lave très visqueuse, celle du dôme d'accumulation (ou cumulo-dôme) que constitue le puy de Sarcoui.

Anémone sylvie (Anemone nemorosa)

Accès : prendre la D 941 direction Pontgibaud. Passer Orcines, puis 500 m à droite après la Fontaine du Berger, accéder au grand parking (20 mn de Clermont)
Départ : grand parking entre la Fontaine du Berger et le col des Goules au bord de la D 941, 979 m (45°80 N/2°98 E)
But : deux puys exceptionnels dont un cône de scories et une grotte dans un dôme
Difficulté : seule la montée au puy des Goules peut sembler raide mais elle est brève.
Période(s) : toutes sauf les jeudis en période de chasse. Attention en cas de chutes de neige, l'accès au puy des Goules peut être très glissant.
Point culminant : puy des Goules, 1 146 m
Balisage : partiel bleu ; le repérage est facile
Carte : IGN Top 25 n° 2531 ET Chaîne des Puys
Infos : Syndicat d'initiatives d'Orcines, 04 73 62 20 08

+ P'TITS PLUS +

- Pour une randonnée encadrée par un géologue accompagnateur en montagne, tél. 06 46 39 01 83.
- Visite de Vulcania, parc d'exploration des volcans et de la planète Terre à Saint-Ours-les-Roches, tél. 04 73 19 70 00.

La grotte du Grand Sarcoui.

Le cratère du puy des Goules depuis le puy de Pariou.

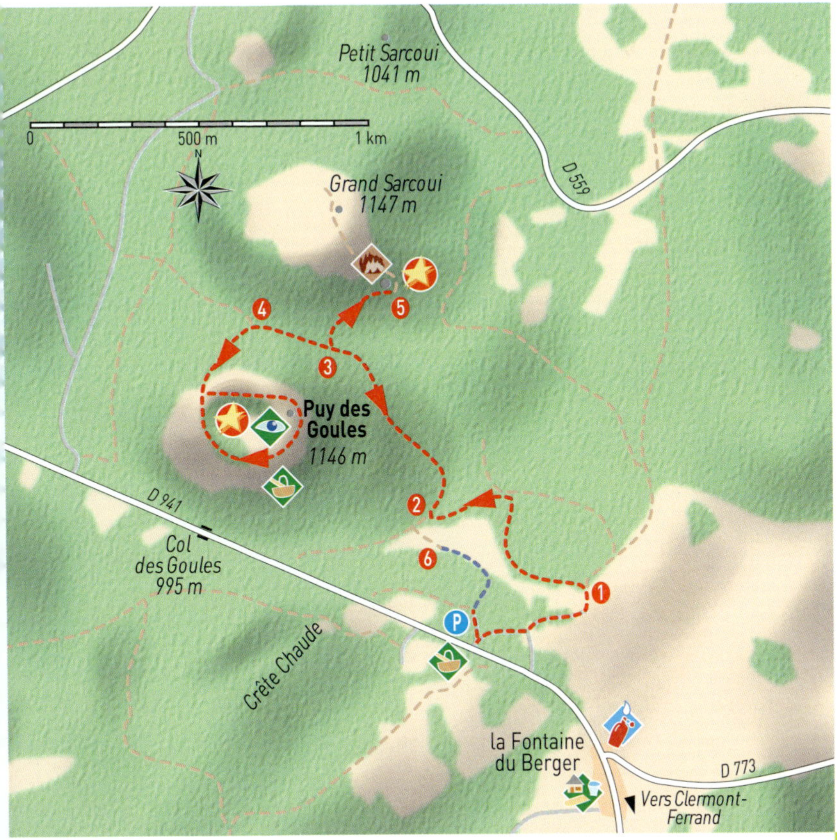

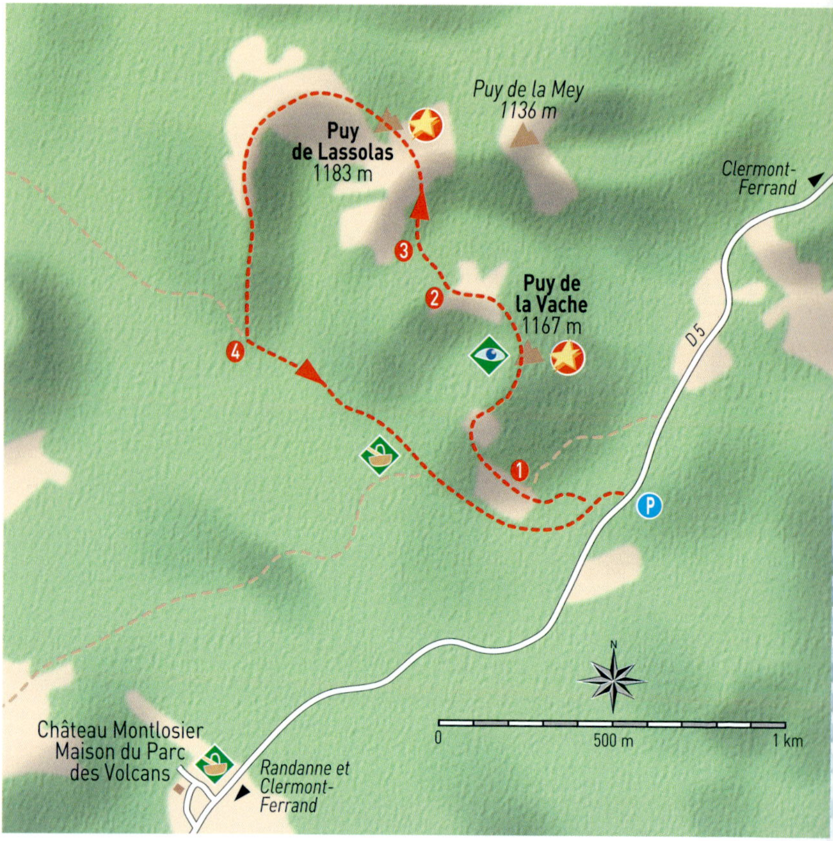

Les puys de Lassolas et la Vache.

La carrière du puy de la Vache.

Distance : **4,2 km** | Dénivelé : **290 m** | Horaire : **2h15**

03. LE PUY DE LA VACHE ET DE LASSOLAS

Partez à la découverte des deux cratères égueulés les plus célèbres de la chaîne des Puys sur les terres du château de Montlosier, siège du Parc naturel des volcans d'Auvergne (PNRVA).

En face du grand parking, franchir la barrière et prendre le chemin de droite à côté du panneau descriptif du site. Atteindre rapidement une ancienne carrière ❶, la laisser sur la gauche et s'engager immédiatement dans une sente à droite qui rejoint le couvert forestier, puis bifurquer à gauche. Monter tranquillement les marches jusqu'au sommet du puy de la Vache tout en profitant de la vue dégagée. Suivre la lèvre du cratère jusqu'à un bosquet ❷ et les escaliers à droite. Récupérer le couvert forestier et rejoindre le col entre les deux puys. Au col, prendre le chemin qui monte en face ❸ sur le puy de Lassolas. Au sommet, suivre sur la droite la bordure et faire le tour du cratère. Descendre sur sa bordure ouest. Au pied du volcan, récupérer un chemin plus confortable ❹. L'emprunter sur la gauche en descendant. Au sortir de la forêt, continuer tout droit dans une vaste lande à bruyère et laisser le puy de la Vache sur la gauche. Retrouver la forêt et ignorer un chemin à droite. Le parking est à 700 m.

Pulsatille rouge ou anémone rouge (Pulsatilla rubra), fleur protégée.

Accès : prendre la D 2089, passer le col de la Ventouse puis tourner à droite au lieu-dit Randanne sur la D 5 (24 km, 25 mn depuis Clermont). Après le château de Montlosier, rouler pendant 1 km.
Départ : grand parking après le château de Montlosier en bord de D 5, 980 m (45°70 N/2°96 E)
But : gravir deux puys égueulés et découvrir la partie sud de la chaîne des Puys
Difficulté : les deux ascensions sont courtes, mais intenses
Période(s) : toutes hors périodes neigeuse et pluvieuse
Point culminant : 1183 m, puy de Lassolas
Balisage : balisage rouge et blanc entre ❹ et le point de départ ; repérage facile
Carte : IGN Top 25 n° 2531 ET Chaîne des Puys
Infos : mairie de Saint-Genès-Champanelle, 04 73 87 35 10

+ P'TITS PLUS +

- Visiter le siège de la maison du PNRVA au château de Montlosier, expositions permanentes et boutique, tél. 04 73 65 64 00.

DEUX JEUNES CRATÈRES

La morphologie « égueulée » de ces deux jeunes cratères (environ 8400 ans) correspond à une émission de coulées de lave synchrones de la phase d'édification des cônes. Les projections constituant les parties sud des édifices ont été emportées par le flux de lave comme sur un tapis roulant. Ces mêmes coulées ont formé les deux lacs de barrage volcanique au sud-est, les lacs d'Aydat et de la Cassière.

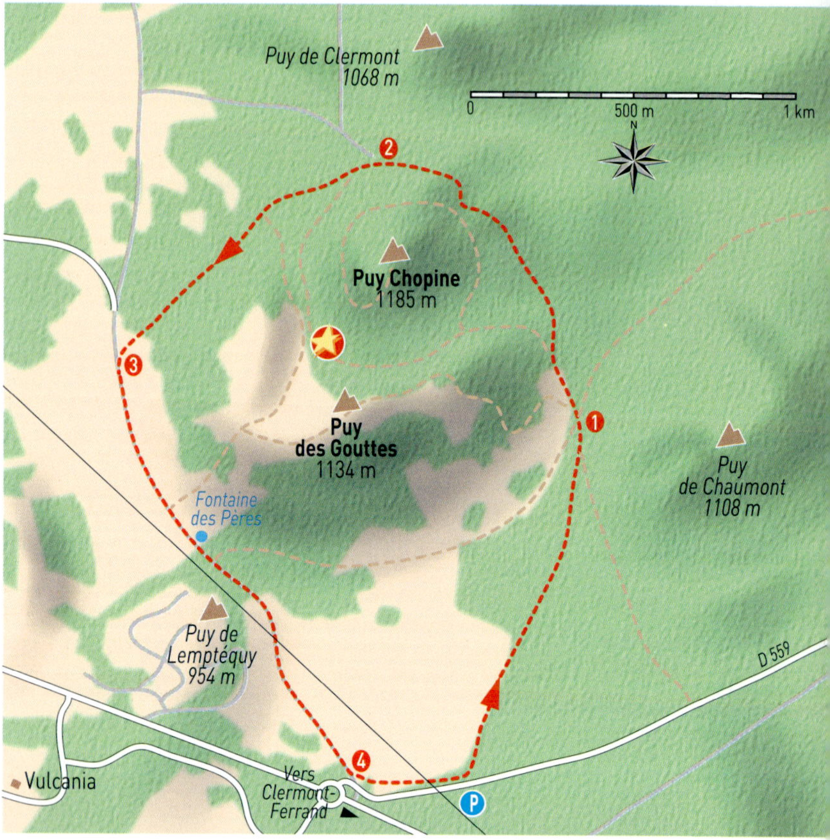

Un dépôt de lapilli du puy des Gouttes visible au puy de Lemptégy.

Distance : **5,2 km** | Dénivelé : **72 m** | Horaire : **1 h 30 (boucle)**

04. LE TOUR DES PUYS DES GOUTTES ET CHOPINE

Pour une première approche facile de la partie nord de la chaîne des Puys, ce parcours, à la fois forestier et ouvert sur les volcans environnants, permet de découvrir les effets du pastoralisme sur le paysage.

Depuis le parking, avancer sur la large piste, dos à la route, entre le bois et la prairie. 500 m après, continuer sur la piste qui s'enfonce un peu dans le bois. Laisser un chemin à droite et une échelle de franchissement à gauche ❶ ; poursuivre sur la piste forestière qui monte progressivement autour du puy Chopine ; 500 m après, ignorer un chemin qui descend à droite et continuer jusqu'à la fourche suivante pour aller cette fois-ci à droite. Au grand panneau à gauche de l'ONF qui indique « forêt de Fontête » ❷, s'engager sur le chemin de gauche et commencer à descendre doucement dans le bois. Laisser ensuite successivement deux chemins à gauche qui montent au puy des Gouttes. La forêt s'assombrit sur 500 m, puis le paysage s'ouvre. Récupérer un chemin carrossable en bordure de parcelles à moutons sur le flanc sud-ouest du puy des Gouttes ❸. Passer devant une ancienne sente, interdite aujourd'hui, qui grimpait directement dans les genêts au sommet du puy des Gouttes. Au carrefour suivant, descendre un chemin dans la pouzzolane et laisser la piste qui fait un virage à droite. Passer sous la ligne haute tension, toujours en bordure de parcelle à moutons et avancer presque jusqu'au rond-point de Vulcania ❹. Prendre alors à gauche et récupérer le parking du départ.

De gauche à droite les puys des Gouttes, Chopine, et de Louchadière.

Accès : prendre la D 941 direction Pontgibaud, passer Orcines, puis au rond-point de Vulcania, tourner à droite sur la D 559 direction Chanat-la-Mouteyre. 800 m après le rond-point, se garer à gauche (15 km de Clermont)
Départ : parking 800 m à gauche après le rond-point de Vulcania (D 559), 953 m (45°81 N/2°95 E)
But : découvrir la partie nord de la chaîne des Puys
Difficulté : aucune
Période(s) : toute l'année
Point culminant : 1 025 m (carrefour nord du puy Chopine, près de ❷)
Balisage : aucun, repérage facile
Carte : IGN Top 25 n° 2531 ET Chaîne des Puys
Infos : mairie de Saint-Ours, 0473887213

+ P'TITS PLUS +

- Visite du puy de Lemptegy pour tout comprendre sur la chaîne des Puys, tél. 0473622325.
- Le pique-nique c'est bien, mais L'Auberge de la Fontaine du Berger, c'est mieux ! Tél. 0473621052.

IL Y A 30 000 ANS

L'activité volcanique effusive du puy des Gouttes saupoudrait de lapilli (fragment de lave éjecté dont la taille varie de 2 à 64 mm) les terrains avoisinants. Plus de 20 000 ans après, la partie nord-est de cet édifice était détruite par une activité phréatomagmatique suivie de l'ascension d'une lave si visqueuse, voire solide, qu'un énorme bloc du socle granitique sous-jacent fut porté 200 mètres plus haut ! Les flancs abrupts du puy Chopine témoignent de la viscosité importante de cette lave.

Distance : **10 km** | Dénivelé : **300 m** | Horaire : **3 h 30 (boucle)**

Une variété de prêles.

05. ÉGAULES ET LE PUY DE JUMES

À l'écart des grands classiques, ce circuit propose de belles traversées forestières pour un nouveau regard sur la partie nord de la chaîne des Puys. Un beau panorama vous sera offert en guide de récompense pour l'ascension du puy de Jumes.

Dans le virage central d'Égaules, près des maisons, monter le chemin des Cabanes ❶. Avancer dans une allée de feuillus tout en longeant des prés. À un carrefour de pistes ❷, prendre en face à gauche dans le couvert forestier et avancer sur un faux plat montant. Après une petite clairière ❸, laisser la piste principale à gauche pour monter à flanc par un chemin couvert de feuilles dans une hêtraie. Traverser un vaste parterre humide couvert de prêles ❹, puis de luzules, et poursuivre l'ascension vers le puy de Jumes ❺. Descendre ensuite le volcan pour gagner le col de la Nugère ❻ ; récupérer une piste forestière, traverser des plantations de conifères jusqu'à la bordure d'un pré ❼ et retrouver la piste de départ.

Accès : suivre la D 943 direction Durtol, puis la D 775 jusqu'à Chanat-la-Mouteyre, et la D 90 jusqu'à Égaules (13 km, 15 mn de Clermont)
Départ : dans Égaules, au bord de la D 90 venant de Chanat sur la droite, parking sur un triangle herbeux, 809 m (45°83 N/3°00 E)
But : le puy de Jumes, 1 100 m (point culminant)
Difficulté : une montée soutenue dans les bois
Période(s) : hors période de chasse, de neige et de gel
Point culminant : le puy de Jumes 1 100 m
Balisage : rouge et blanc du puy de Jumes au col de la Nugère
Carte : IGN Top 25 n° 2531 ET Chaîne des Puys
Infos : mairie de Chanat, 0473628052

À SAVOIR

La toponymie d'Égaules viendrait du latin *aqualia* signifiant « conduite d'eau » ou « fossé d'écoulement », ce qui justifierait peut-être la présence d'un petit étang au nord-ouest du hameau. Le puy de Jumes et son voisin le puy de la Coquille feraient partie des plus anciens édifices volcaniques de la zone nord de la chaîne des Puys (72 000 ± 12 000 ans). Les chemins sommitaux sont actuellement en cours de réhabilitation par les agents du Parc naturel des Volcans d'Auvergne.

Égaules et le puy de Jumes.

Chemin forestier menant au puy de Jumes.

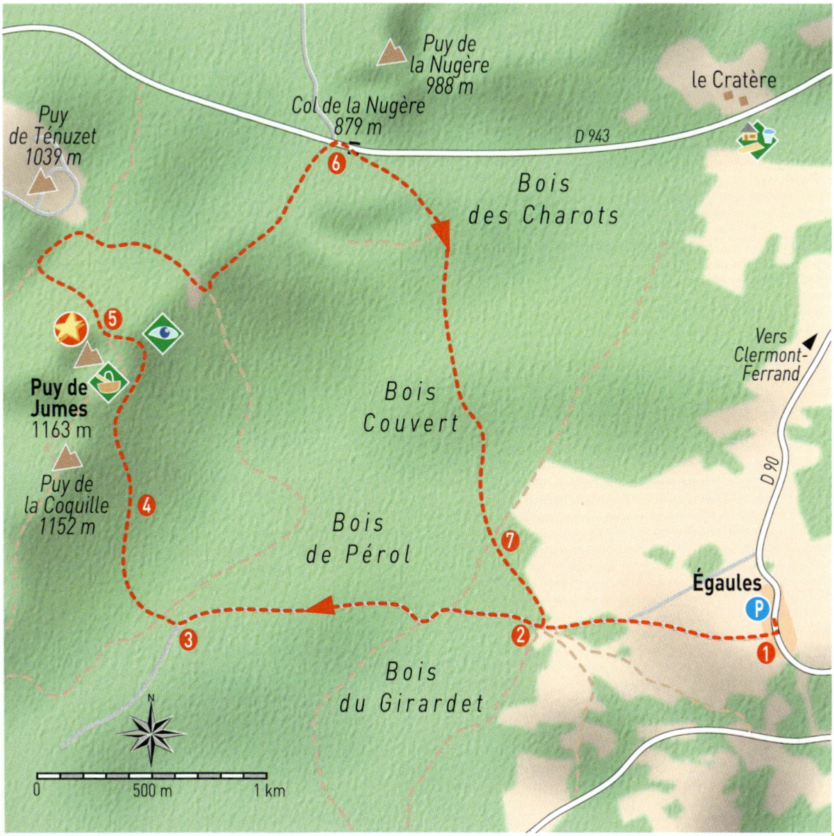

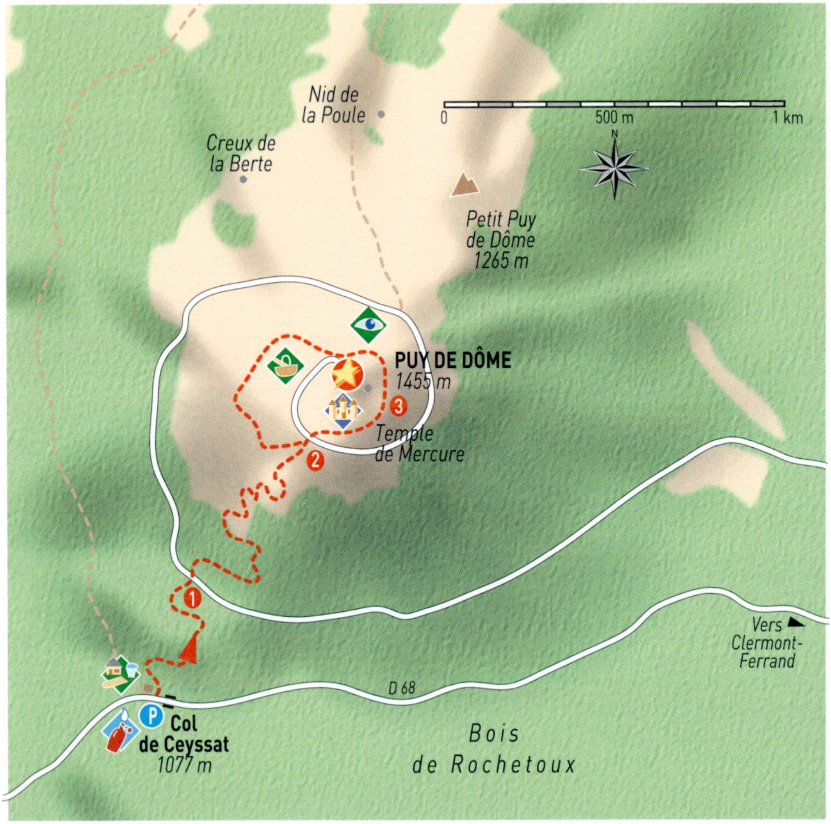

Le puy de Dôme versant sud.

Mur d'enceinte réhabilité du temple de Mercure.

Distance : 5,4 km / variante 10,3 km | Dénivelé : 400 m / variante 510 m | Horaire : 2 h / variante 3 h 45 (aller-retour / variante : boucle)

06. LE PUY DE DÔME

L'immanquable... Seigneur de la chaîne des Puys, dépassant tous ses homologues d'au moins 200 mètres, il est le phare de la capitale auvergnate, merveille naturelle régionale aujourd'hui Grand site de France.

Depuis le parking, monter à droite de l'auberge sur le chemin aménagé à cet effet. Serpenter sous la hêtraie sapinière jusqu'à la ligne de train ❶ accédant au sommet. Traverser les rails et poursuivre à découvert sur le chemin caillouteux des muletiers. Atteindre les escaliers près de la gare d'arrivée sommitale ❷. Immédiatement, bifurquer à gauche sur les sentiers artificiels et faire le tour de l'antenne du puy de Dôme. Descendre le long des ruines du temple de Mercure ❸ et rattraper le chemin de montée.

Variante : depuis le temple de Mercure, après la descente des marches, suivre la route à gauche qui longe la ligne de train sur 500 m. Emprunter ensuite à droite un escalier aménagé (sentier des Chèvres) et descendre sur le flanc nord pour rejoindre une forêt de noisetiers et de hêtres ❹. Au sortir de la forêt, prendre à droite au carrefour de la fontaine de scories volcaniques. Après 200 m, laisser le chemin principal et aller à droite ❺ par une sente qui gagne la hêtraie. Continuer sur 1,5 km, puis récupérer une large piste qui coupe la ligne du panoramique. 400 m plus loin, traverser la route et continuer en face sur 900 m jusqu'à un carrefour, s'engager à droite ❻ sur un chemin et monter sur 1,5 km jusqu'au parking.

Scille lis jacinthe (Scilla lilio hyacinthus).

Accès : passer Royat puis la Font de l'Arbre par la D 68, pour se rendre au col de Ceyssat (12 km, 15 mn de Clermont)
Départ : col de Ceyssat, 1 077 m (45°76 N/2°95 E)
But : tour et sommet du puy de Dôme, 1 465 m (point culminant)
Difficulté : la montée du chemin des muletiers est raide, attention également à la descente.
Période(s) : du printemps à l'automne. À éviter en période de pluie ou de grand vent.
Balisage : jaune
Carte : IGN Top 25 n° 2531 ET Chaîne des Puys
Infos : syndicat d'initiatives d'Orcines, 04 73 62 20 08

+ P'TITS PLUS +

- Un vol biplace en parapente avec un professionnel depuis le puy de Dôme, tél. 06 08 34 52 47.
- Le puy de Dôme est aussi accessible par son train à crémaillère : le Panoramique des Dômes !

LE PUY DE DÔME

Il est à lui seul un livre d'histoire sur l'Auvergne... Le temple dédié à Mercure, construit à son sommet au IIe siècle après J.-C., exprime l'importance que donnaient les Romains à ce lieu. En 1647, Blaise Pascal fit réaliser par son beau-frère, Florin Perier, des expériences de mesures de la pression atmosphérique entre Clermont et le sommet du dôme. En 1911, Eugène Renaux posa son avion Farman avec son passager après une traversée depuis la Paris et gagna ainsi le prix offert par Michelin pour cet exploit ! En 1964, Poulidor reprit 42 secondes à Anquetil dans l'ascension finale du volcan ce qui lui valut son 5e sacre pour moins d'une minute...

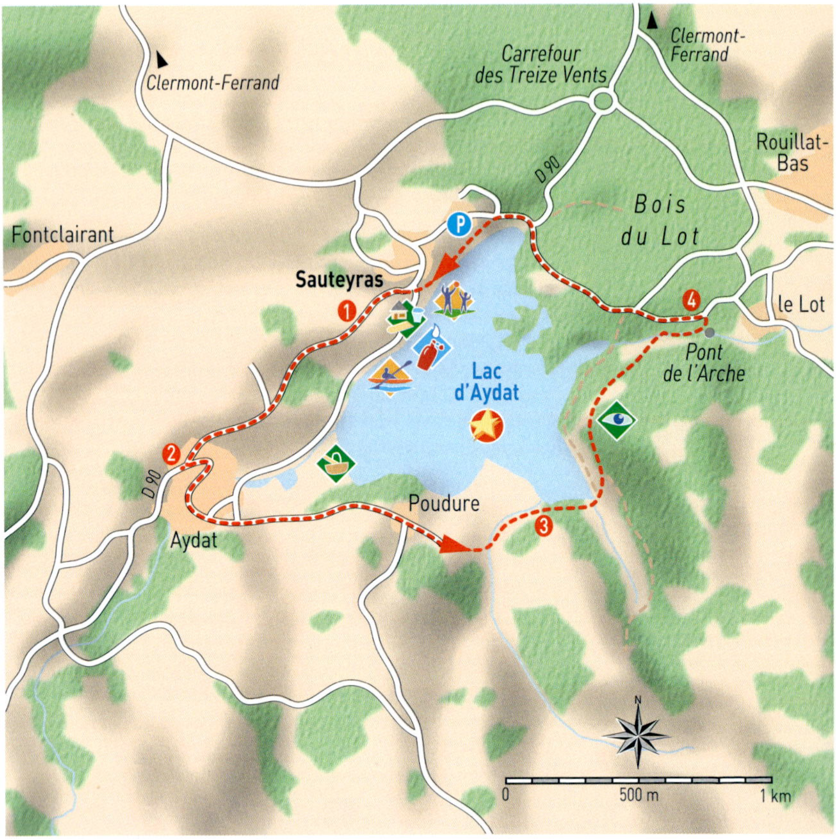

Le lac d'Aydat.

Les fruits de l'aulne glutineux.

Distance : 5,6 km | Dénivelé : 95 m | Horaire : 2 h (boucle)

Robert-le-diable (*Polygonia c-album*).

Accès : suivre la D 2089. 2 km
après Theix, prendre la D 90
jusqu'au lac d'Aydat (24 km,
25 mn de Clermont)
Départ : depuis la Cassière par la
D 90, parking le long du lac après
l'intersection du Chadelas, 840 m
(45°67 N/2°98 E)
But : le tour du lac d'Aydat
Difficulté : certains passages
peuvent être boueux
Période(s) : toute l'année sauf
période de gros gel
Point culminant : 890 m
Balisage : partiel jaune, fléchage,
repérage facile
Carte : IGN Top 25 n° 2531 ET
Chaîne des Puys
Infos : OT d'Aydat, 04 73 79 37 69

+ P'TITS PLUS +

- Jeu d'orientation dans la forêt du lac d'Aydat avec cartes et boussoles, tél. 06 46 39 01 83.
- Promenade à VTT encadrée par un professionnel, tél. 06 08 34 52 47.

07. LE LAC D'AYDAT

Une envie de baignade ou de canotage ? Quoi de plus naturel pour se ressourcer après avoir fait le tour de ce joli lac de la chaîne des Puys, entre forêts, plages, villages, et pâturages.

Longer le bord du lac depuis le Chadelas jusqu'à Sauteyras ; quitter la route principale pour le chemin des cratères égueulés ❶, passer devant la maison de l'Espace Loisirs. Récupérer dans un virage le chemin des Roussoux et descendre sur le cimetière d'Aydat ❷. Passer le pont et monter à droite le chemin de Poudure derrière l'office de tourisme. Gagner le bord du lac ❸. Surplomber ensuite la berge dans une étroite sente, puis franchir le pont de l'Arche ❹ et bifurquer à gauche pour traverser le bois du Lot. Retrouver le bord du lac d'Aydat et la D 90.

LE LAC D'AYDAT

Il s'agit d'un lac de barrage volcanique créé par les coulées des cratères égueulés de la Vache et de Lassolas, il y a environ 8 400 ans. L'appellation prend son origine du domaine d'Avitus, riche propriétaire terrien au Ve siècle, proclamé empereur romain d'occident à Arles en 455. Son histoire relève de témoignages dont celui de Sidoine Apolinaire, préfet de Rome puis évêque d'Auvergne, marié à Papianelle la fille d'Avitus.

Distance : 6,3 km | Dénivelé : 130 m | Horaire : 2 h 30 (boucle)

08. LES PUYS DE VICHATEL ET DE CHARMONT

À la découverte d'un des plus beaux et des plus méconnus cratères de la chaîne des Puys, au travers des forêts de hêtres et de conifères, alternant prairies et panoramas imprenables.

Traverser Fontclairant et remonter vers la D 213 en contournant par l'est le puy de Charmont. Rejoindre le col de la Ventouse (attention en traversant la D 2089), grimper les escaliers en face ❶ et arpenter la sente à gauche sur le puy de Vichatel. Après un virage à droite, le chemin s'élargit, monter à flanc jusqu'à une clôture à moutons en bordure du cratère ❷. Descendre à flanc le long du versant nord, récupérer une piste après une table à pique-nique ❸ pour retrouver la D 2089 et la longer jusqu'au col de la Ventouse ❶. De l'autre côté de la route, au col après la bretelle de parking, rattraper une piste ❹ et contourner par l'ouest le puy de Charmont entre des prés et des landes à genêts. À un carrefour de pistes ❺, suivre à gauche pour gagner Fontclairant.

Variante : au bord du cratère du Vichatel ❷, suivre à gauche un sentier aménagé et rejoindre la lèvre pour gagner un beau point de vue sur le massif du Sancy (10 mn).

Légende.

Accès : par la D 2089, passer Theix et bifurquer à gauche au col de la Ventouse sur la D 213. À Verneuge, virer à droite sur la D 5 jusqu'à Fontclairant (22 km, 20 mn de Clermont)
Départ : Fontclairant, 940 m (45°66 N/2°96 E)
But : montée au puy de Vichatel et tour du puy de Charmont
Difficulté : la montée au puy de Vichatel
Période(s) : du printemps à l'automne ; éviter les périodes de gel et de neige
Point culminant : 1 050 m (à Vichatel) / 1 095 m (sur la variante)
Balisage : partiel jaune
Carte : IGN Top 25 n° 2531 ET Chaîne des Puys
Infos : OT d'Aydat, 04 73 79 37 69

+ P'TITS PLUS +

- Visiter le siège de la maison du PNRVA au château de Montlosier, expositions permanentes et boutique, tél. 04 73 65 64 00.
- Casse-croûte et cuisine du terroir à la Bergerie de Randanne, tél. 04 73 65 67 95.

LE PUY DE VICHATEL

Il a récemment bénéficié de nombreux aménagements pour améliorer parallèlement la préservation du site et l'accueil touristique. Une ouverture par débardage et l'installation d'une estive de brebis embellissent le cratère. Les gardes du Parc naturel régional des volcans d'Auvergne ont opéré un remarquable travail de réfection des sentiers sommitaux par génie végétal avec soutien par des gabions en rondins d'épicéa, tressages en châtaignier (pour une meilleure intégration au milieu), coupes d'eaux tout cela pour limiter la dégradation des sols.

Vue sur le puy de Charmont et le massif du Sancy.

Le puy de Charmont.

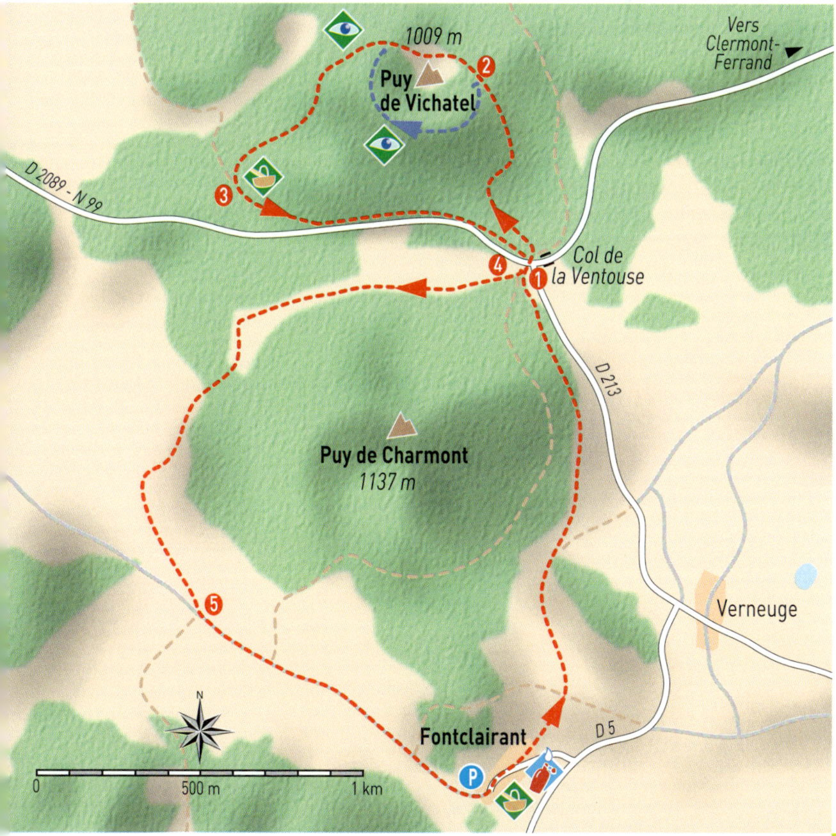

Distance : 8,3 km | Dénivelé : 290 m | Horaire : 3 h 30 (boucle)

09. PONTEIX ET LA TOUR DU MONT REDON

À proximité de la montagne de la Serre, le puy Redon est connu des ornithologues amateurs et professionnels en période de migration pour les comptages de grues, de milans, de bondrées et autres circaètes, mais également par les historiens pour son château aujourd'hui disparu.

Depuis l'église, suivre la D 213 direction Rouillat-Bas et emprunter la deuxième rue à droite (rue de Montredon). Obliquer à gauche à la fourche ❶ à la sortie du village. Passer la croix Saint-Jacques et prendre en face. À la fourche suivante près d'un bosquet, tourner à droite ❷. Avancer le long des prés puis progresser dans une zone de végétation plus élevée. Laisser une piste montant à gauche ❸, longer un petit vallon puis descendre à droite dans une zone un peu plus boisée et plus humide pour contourner le puy Redon. Remonter et atteindre un carrefour de pistes dégagé, s'élever à droite ❹. Dépasser le puy Redon, prendre à droite à une fourche ❺, puis encore à droite pour gagner le sommet en aller-retour. Redescendre à l'intersection de la fourche ❺, bifurquer une nouvelle fois à droite ; après 1 km, retrouver le village de Ponteix.

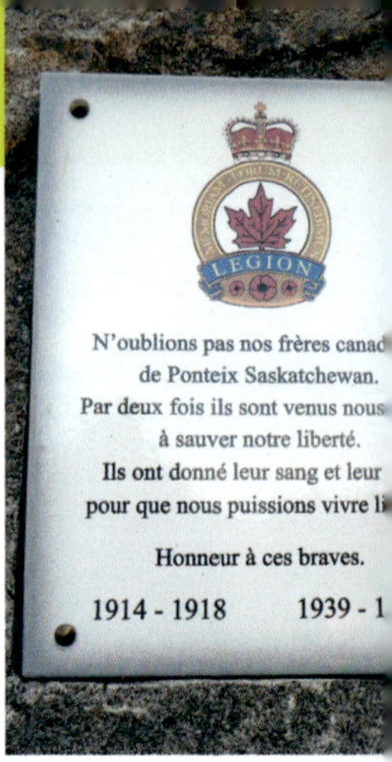

Plaque commémorative à Ponteix.

Accès : suivre la D 2089. 2 km après Theix, prendre la D 90 jusqu'au carrefour des Treize-Vents, puis la D 213 direction Rouillat-Bas et Ponteix (25 km, 30 mn depuis Clermont)
Départ : parking devant l'église de Ponteix, 752 m (45°66 N/3°02 E)
But : tour et ascension du puy Redon, 872 m
Difficulté : un peu de dénivelée
Période(s) : du printemps à l'automne
Point culminant : 872 m
Balisage : partiel jaune, fléchage
Carte : IGN Série Bleue 2532 E Veyre-Monton
Infos : OT d'Aydat, 04 73 79 37 69

+ P'TITS PLUS +

- À Saint-Saturnin : visiter son église majeure du XIIe siècle.

UN PEU D'HISTOIRE

Le panorama au sommet du puy Redon permet de mieux comprendre l'emplacement stratégique du site pour une place forte. Catherine de Médicis ordonna en 1587 le démantèlement du château car elle vit ici une menace pour la paix de la couronne de France. Entre 1366 et 1385, la place forte avait déjà été occupée par les Anglais durant la guerre de Cent Ans. En 1950, il subsistait encore une arche de la deuxième enceinte... Aujourd'hui, le promeneur devine dans le paysage les restes éboulés de murets, d'arches des portiques et les assises inférieures d'une tour d'une hauteur d'homme gagnées par la mousse et les lichens...

L'étrange calvaire de Ponteix.

Vaches ferrandaises dans les pâtures.

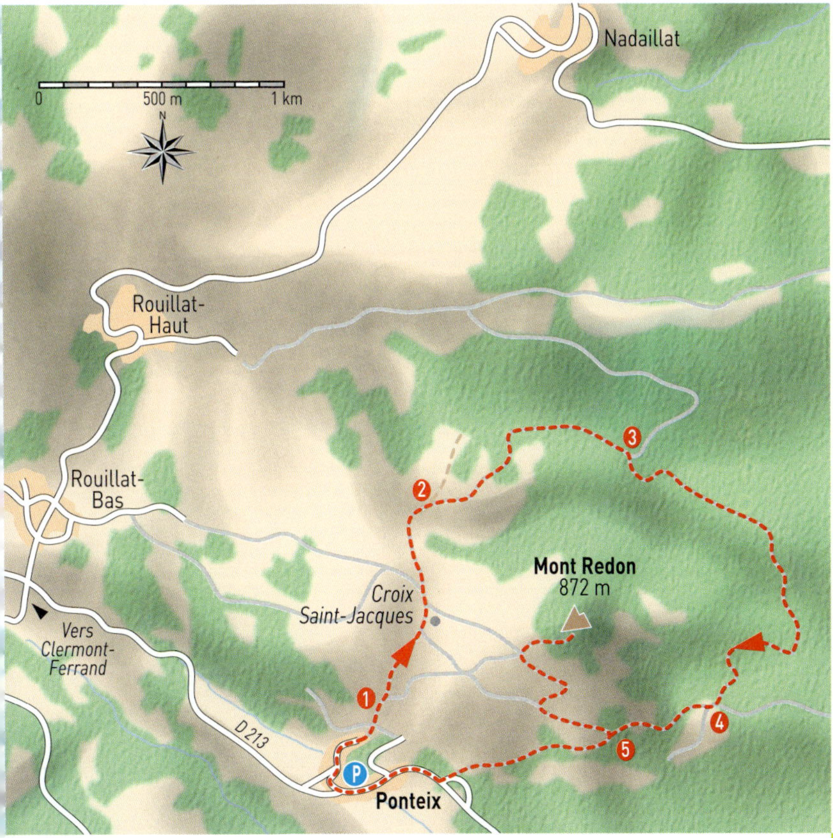

Le pays coupé des Couzes.

Le pâturage maintient l'ouverture des paysages.

Distance : 5,6 km | Dénivelé : 50 m | Horaire : 2 h (boucle)

10. LE PETIT TOUR D'OLLOIX

Un itinéraire très facile avec une vue dégagée sur les quatre points cardinaux entre cultures, élevages bovins et ovins. La commune d'Olloix révélera également un beau patrimoine bâti riche d'histoire à deux pas des gorges de la Monne.

Depuis le parking, dos à la commanderie, prendre le chemin en bordure des prés à moutons et chevaux. Longer des parties un peu boisées au nord-ouest du puy d'Auzenne (ou Auzelle selon les cartes) ❶, face aux gorges de la Monne. Entre le puy d'Auzenne et celui de Marquerolle (croix au sommet), intercepter une piste qui vient de la gauche ❷ et ramène vers le village. Passer devant le gîte communal rue du Pré-de-la-Barre puis traverser la D 74. Prendre en face à droite, le chemin du verger et laisser le village à gauche. À une fourche près d'un grand bâtiment ❸, suivre à droite et s'éloigner d'Olloix. Faire le tour du puy d'Olloix sur une large piste et retrouver la D 74 ❹. Suivre la route jusqu'à Olloix et retrouver le parking de la commanderie (attention, il y a peu de circulation et la présence de piétons surprend !).

Variante : de l'autre côté du parking, suivre la direction du puy d'Olloix. Pénétrer dans le parc à moutons communal, et suivre un sentier jusqu'au sommet. Le retour s'effectue par le même cheminement (45 mn en A/R).

Espèce menacée en Auvergne, le machaon (Papilio machaon).

Accès : prendre l'A 75 et la sortie 5. Traverser Saint-Saturnin, puis suivre la D 28 puis la D 119 sur 4 km pour arriver à Olloix (30 km depuis Clermont)
Départ : parking à l'entrée ouest d'Olloix, devant la commanderie, route du Vernet, 860 m (45°62 N/3°04 E)
But : tour des puys d'Auzenne et d'Olloix
Difficulté : aucune
Période(s) : toute l'année
Point culminant : 885 m (au sud du puy d'Olloix)
Balisage : rouge et blanc après le tour du puy d'Auzenne ; repérage très facile
Carte : IGN Série Bleue 2532 E Veyre-Monton
Infos : mairie d'Olloix, 04 73 39 32 13

+ P'TITS PLUS +

• Visite de l'église de Saint-Saturnin, une des cinq majeures du Puy-de-Dôme.

UN PEU D'HISTOIRE

Les trois puys (Auzenne, Marquerolles et Olloix) sont des vestiges volcaniques que l'érosion différentielle des terrains tendres au profit des terrains durs a mis en inversion de relief. Une tour et un mur (face au parking) témoignent de l'installation entre ces puys d'une commanderie des hospitaliers de Saint-Jean-de-Jérusalem vers le XIIe siècle. Un gisant d'Odon de Montaigu, grand prieur d'Auvergne, est visible dans l'église Saint-Jean-Baptiste.

Distance : 4,4 km | Dénivelé : 170 m | Horaire : 2 h (boucle)

11. VOLVIC ET LE CHÂTEAU DE TOURNOËL

Mondialement connue pour ses eaux dont la minéralité légendaire lui vient de la force des volcans, Volvic est le point de départ d'un agréable circuit conduisant à la visite d'un château dont l'architecture témoigne d'un étonnant remaniement au cours des siècles.

Emprunter le chemin entre le grand parking et l'espace d'information des Eaux de Volvic, passer le cours d'eau et la route pour grimper vers la statue de Notre-Dame-de-la-Garde ❶. Continuer de monter, intercepter un chemin venant de la gauche, le suivre sur la droite jusqu'à une fourche dans une clairière, prendre alors le chemin de droite ❷ et traverser une agréable forêt de chênes et de châtaigniers. 1 km après la fourche, atteindre un bâtiment puis un parking face au château (le visiter !), puis revenir vers le premier bâtiment et le contourner cette fois-ci par la droite sur une large piste. Après deux virages successifs suivis d'une ligne droite, arriver à un col dégagé entre des pâtures. À la fourche suivante ❹, obliquer à gauche puis redescendre dans le bois jusqu'à la route ❺. Prendre en face, après 200 m, et retrouver le parking de départ.

LE CHÂTEAU DE TOURNOËL

Construit à l'extrémité d'un éperon rocheux, le château dispose d'un donjon cylindrique du XIIIe siècle, haut de 32 mètres, muni d'un inhabituel chemin de ronde à mi-hauteur. Au XVe siècle, des travaux d'embellissement orientent une utilisation plus résidentielle mais toujours défensive. Crypte ténébreuse, oubliettes dites « pleines d'ossements », et graffitis des captifs donnent au lieu l'occasion de laisser libre cours à son imagination (visite payante, tél. : 0473335306)...

L'église de Volvic rappelle l'exploitation massive de la roche volcanique.

Accès : suivre Durtol puis emprunter la D 943. À Cratère, tourner à droite sur la D 986, direction Volvic. Se garer à la maison des Eaux de Volvic, près de la maison de la Pierre (13 km depuis Clermont)
Départ : grand parking boisé sur la droite après l'espace information des Eaux de Volvic, rue des Sources, 565 m (45°87 N/3°02 E)
But : château de Tournoël
Difficulté : la montée au château
Période(s) : toute l'année, éviter les périodes de neige et de grand gel
Point culminant : 674 m (au jalon ❹)
Balisage : partiel jaune, fléchage
Carte : IGN Top 25 n° 2531 ET Chaîne des Puys
Infos : OT de Volvic, 0473335873

+ P'TITS PLUS +

• À Volvic :
– belle visite de la Maison de la Pierre façon scénomusée, tél. 0473335692 ;
– espace d'information des Eaux de Volvic, exposition et visite d'usine, dégustation, tél. 0473645124.

Le château de Tournoël vu du sud.

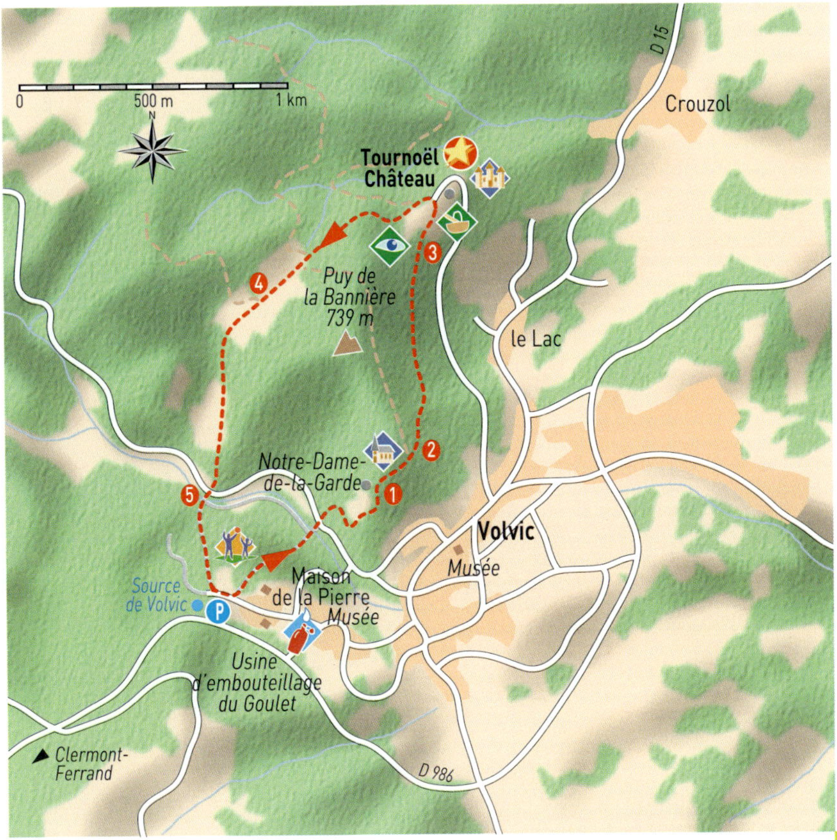

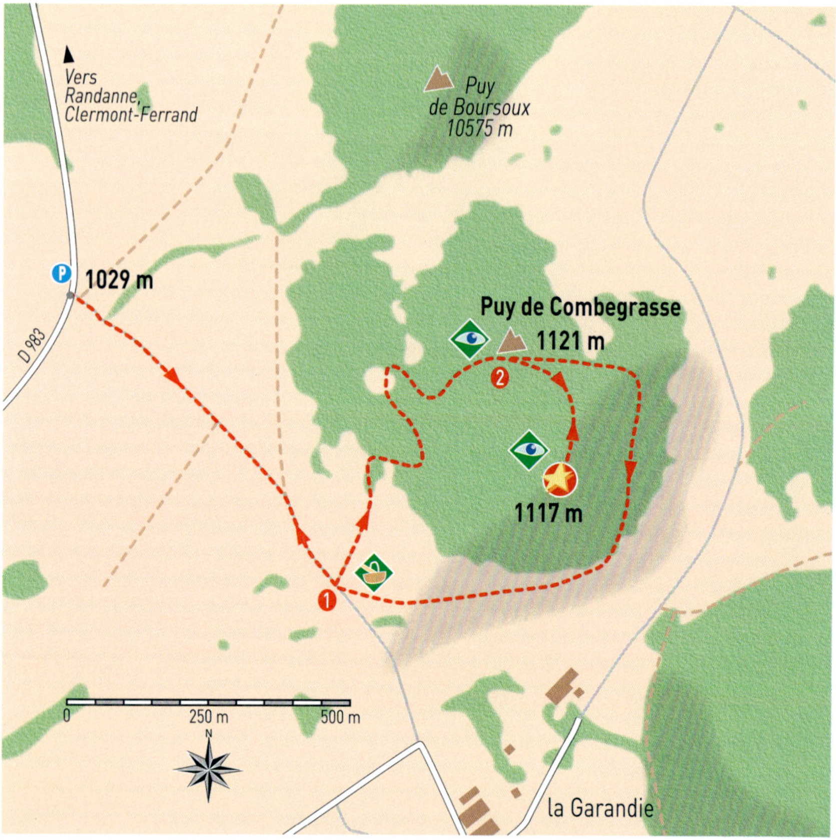

Table d'orientation sur la chaîne des Puys depuis le sommet du puy de Combegrasse.

Sentier de descente du puy de Combegrasse.

Distance : 3,3 km | Dénivelé : 80 m | Horaire : 1 h 15 (boucle)

12. LE PUY DE COMBEGRASSE

Le puy de Combegrasse a été réaménagé en collaboration du Syndicat mixte de gestion forestière d'Aydat et du Parc naturel régional des Volcans d'Auvergne afin de créer de nouvelles surfaces de pâture pour les agriculteurs locaux. Au sommet du volcan, les visiteurs pourront admirer le panorama de la partie sud de la chaîne des Puys, le lac d'Aydat et le massif du Sancy.

Suivre le grand chemin carrossable sur 500 m jusqu'à une aire de pique-nique aménagée ❶. À gauche, emprunter un chemin bordé d'arbres, franchir un portail et laisser à droite un réservoir. Suivre la piste et passer les clôtures successives jusqu'à la lèvre du cratère du puy de Combegrasse. Monter à gauche à flanc jusqu'au sommet nord ❷ (1 121 m). Aller-retour jusqu'au sommet sud-est (1 117 m), puis descendre le sentier jalonné de fil-guide et rejoindre la partie boisée au sud-est. La sente récupère un chemin plus large et retrouve l'espace de pique-nique ❶, puis le parking.

Accès : prendre la D 2089, passer le col de la Ventouse, puis tourner à gauche au lieu-dit Randanne sur la D 983. Le parking aménagé est à 2 km sur la gauche (24 km, 25 mn depuis Clermont).
Départ : grand parking aménagé le long de la D 983, à 1 029 m (45°67 N/2°93 E)
But : le sommet du puy de Combegrasse
Difficulté : aucune
Période(s) : toute l'année
Point culminant : 1 121 m
Balisage : jaune
Carte : IGN Top 25 n° 2531 ET Chaîne des Puys
Infos : OT d'Aydat, 04 73 79 37 69

+ P'TITS PLUS +

- Visiter le siège de la maison du PNRVA au château de Montlosier, expositions permanentes et boutique, tél. 04 73 65 64 00.
- Promenade à VTT encadrée par un professionnel, tél. 06 08 34 52 47.

Bombe volcanique en fuseau.

À SAVOIR

L'Association française aérienne et l'Aéroclub d'Auvergne organisèrent le 19 août 1922 un congrès expérimental d'avions sans moteur au puy de Combegrasse. Le petit bâtiment situé à côté du terrain de pique-nique est un observatoire astronomique créé en 1993 idéalement isolé des lumières. Il est géré depuis par l'Association des astronomes amateurs d'Auvergne.

Distance : 12,3 km | Dénivelé : 320 m | Horaire : 4 h (boucle)

13. LE PUY DE PAUGNAT

Bien ombragé et donc idéal pour échapper aux chaleurs estivales, ce circuit ravira les amateurs de forêts, d'histoire du rail et de volcanologie.

Emprunter la route située entre le parking et le site d'accueil des eaux de Volvic. Au sortir de la forêt, suivre à gauche la route de Coussedière sur 1 km. Après la tour de l'ancienne prise d'eau du train ❶, quitter la route et prendre la piste à gauche. Après 350 m, à la fourche, monter à droite dans un chemin caillouteux. Continuer tout droit jusqu'à Moulet-Marcenat. S'engager à droite après le terrain de pétanque ❷, puis immédiatement à gauche le chemin du Chapelet. Poursuivre tout droit sur 1 km. À la route, laisser la Védrine à droite, partir à gauche jusqu'à atteindre la D 16. Traverser Paugnat, quitter la route de Volvic pour emprunter à droite la rue de Varousset. Au monument aux morts ❸, obliquer à droite sur la D 90 sur 250 m, puis monter à gauche. Rejoindre une large piste, prendre à droite, 150 m après l'ancienne entrée de la carrière, suivre la sente à gauche et grimper dans la forêt au sommet du puy de Paugnat. Depuis le point de vue, descendre le sentier sur l'autre versant et gagner la piste circulaire à gauche. Au croisement suivant, bifurquer à droite et immédiatement après la ligne de chemin de fer, tourner à gauche ❹ dans la forêt. Après 900 m, gagner la route, suivre le GR, passer sous le pont ferroviaire ❺ et quitter la route à gauche dans le premier virage pour descendre dans un chemin sur 1 km, puis couper à nouveau la route. Continuer tout droit à chaque intersection et retrouver le parking de départ à Volvic.

Ancienne prise d'eau du train ligne Riom – Gare de Volvic entre 1890 et 193

Accès : suivre Durtol, puis emprunter la D 943. À Cratère, tourner à droite sur la D 986, direction Volvic. Se garer à la maison des Eaux de Volvic, près de la maison de la Pierre (13 km depuis Clermont).
Départ : grand parking boisé sur la droite après l'espace information des Eaux de Volvic, rue des Sources, 565 m (45°87 N/3°02 E)
But : le sommet du puy de Paugnat
Difficulté : aucune, mais un peu long.
Période(s) : toute l'année
Point culminant : 898 m
Balisage : aucun, mais repérage très facile
Carte : IGN Top 25 n° 2531 ET Chaîne des Puys
Infos : OT de Volvic, 0473335873

+ P'TITS PLUS +

- À Volvic :
  – belle visite de la Maison de la Pierre façon scénomusée, tél. 0473335692 ;
  – espace d'information des Eaux de Volvic, exposition et visite d'usine, dégustation, tél. 0473645124.

À SAVOIR

La tour de prise d'eau du train rappelle la présence de l'ancienne ligne ferroviaire Riom-Marsat-Volvic bourg-gare de Volvic. Construite entre 1888 et 1890, celle-ci cessa en 1936. Le puy de Paugnat a servi de carrière d'exploitation de scories de 1943 à 1998.

Ancienne carrière du puy de Paugnat.

Vue du sommet du puy de Paugnat.

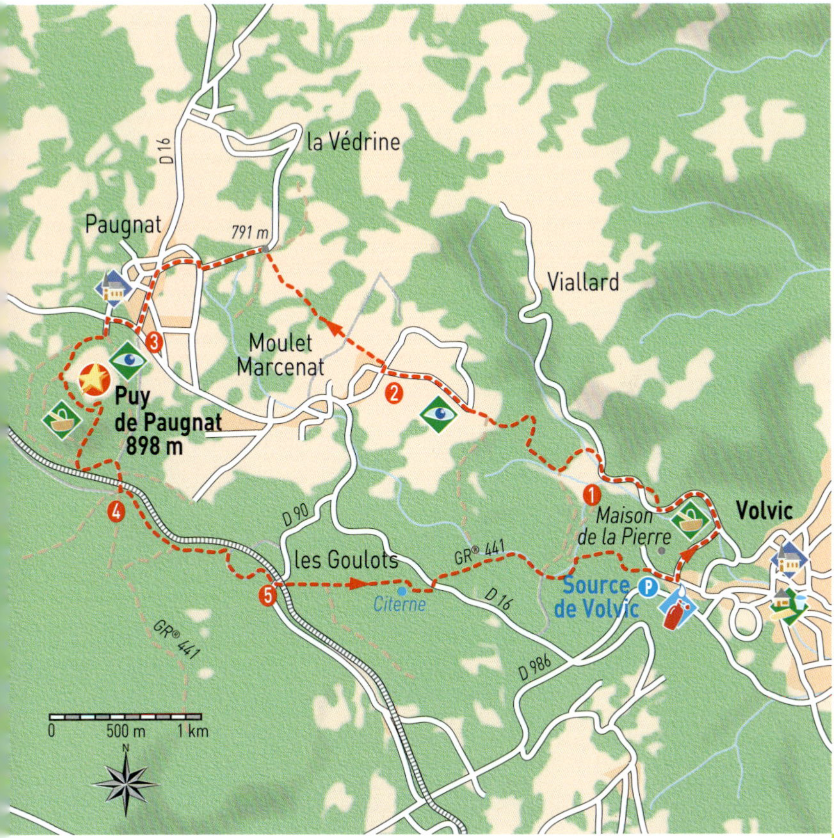

Distance : **4,5 km** | Dénivelé : **110 m** | Horaire : **2 h 15 (boucle)**

14. LES BOIS DE CHÂTEL-GUYON

En bordure de la faille de la Limagne, cet arboretum exceptionnel à cinq minutes de la cité thermale de Châtel-Guyon mérite le plus grand intérêt par son calme et la qualité de sa biodiversité.

Depuis le panneau de la forêt communale de Châtel-Guyon, descendre en face le chemin de Portebouche et bifurquer rapidement à droite ❶ sur celui des Hauts-Percières. Après 550 m, tourner à gauche ❷ dans la pente sur la piste des Bas-Percières puis sur le chemin panoramique de la Naute ❸ ; suivre ce dernier à flanc sur 1 km puis, arrivé au goudron de l'allée du Bois ❹, repiquer à gauche sur le chemin des Vachères au-dessus de l'allée André-Plazenet. 400 m après un grand virage à gauche, remonter une sente plus raide ❺ jusqu'au parcours de santé ❻, passer près d'un réservoir, et suivre le chemin des Planelles pour retrouver le parking de départ.

LA FORÊT

Les essences les plus courantes rencontrées dans la forêt de Châtel-Guyon sont le pin sylvestre, le sapin pectiné, plusieurs variétés de chênes, le châtaignier, le frêne, l'érable plane et le merisier, donnant ainsi toute la palette des tons de l'automne sur ces 135 hectares. Plantée à partir de 1844, cette forêt communale évite une érosion massive sur la faible épaisseur de sol recouvrant le socle granitique.

Retenue d'eau du Chambaron dans la vallée des Prades.

Accès : par la D 2009, traverser Riom, puis par la D 227 Châtel-Guyon. Prendre à droite direction Chazeron (D 227), et après 2 km, bifurquer à droite (27 km depuis Clermont).
Départ : panneau de la forêt communale de Châtel-Guyon, 570 m (45°92 N/3°05 E)
But : petit tour dans les bois de Châtel-Guyon
Difficulté : montée courte mais soutenue
Période(s) : toute l'année sauf période de neige
Point culminant : 585 m (à ❻)
Balisage : fléchage panneau bois
Carte : IGN Série Bleue 2530 O Manzat et 2530 E Aigueperse (bordure de carte)
Infos : mairie de Châtel-Guyon, 04 73 86 01 88

+ P'TITS PLUS +

• À Châtel-Guyon :
– parc aventure en hauteur, route de Chazeron. Parc Écureuil, tél. 06 77 13 46 31 ;
– cuisine fine au restaurant le Moulin de Villeroze à Riom, tél. 04 73 38 62 33.

Vue sur Châtel-Guyon depuis le chemin panoramique de la Nauté.

Chênaie de Châtel-Guyon.

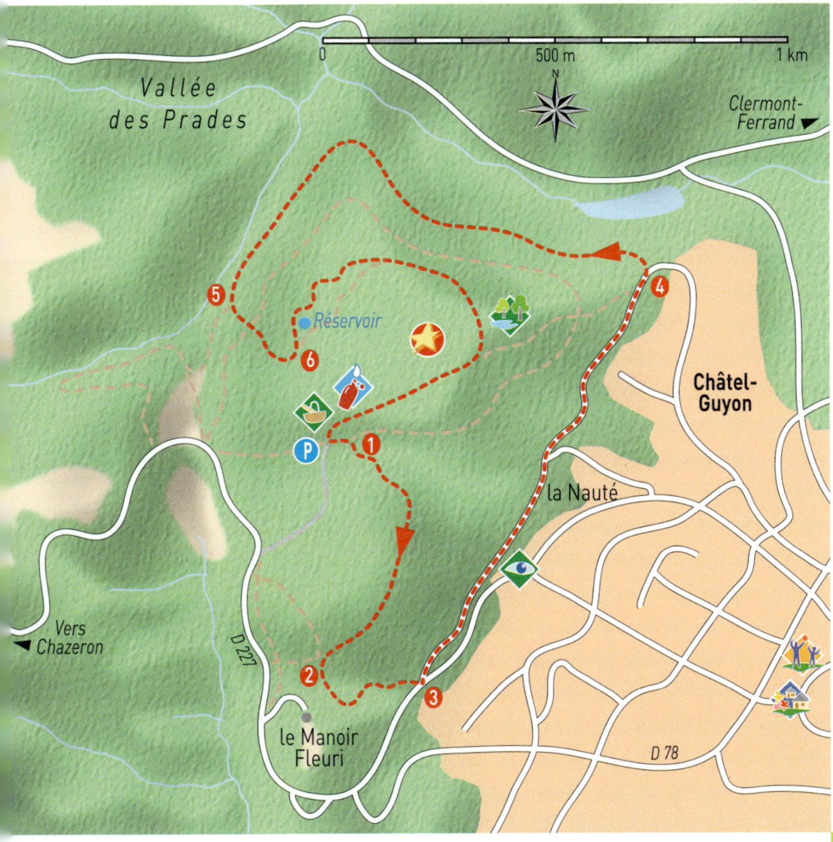

Pâture et vue sur la chaîne des Puys.

Monteipdon.

Distance: **11 km** | Dénivelé: **275 m** | Horaire: **3h30 (boucle)**

15. LES MAZIÈRES ET LE BARRAGE DE LA SEP

Le barrage de la Sep.

Accès: prendre la direction Riom par la D 2009, puis la D 2144. Traverser Saint-Bonnet-près-Riom puis Combronde et à Saint-Pardoux, tourner à gauche sur la D 50. Suivre à gauche jusqu'aux Mazières (46 km, 40 mn depuis Clermont-Ferrand)
Départ: parking devant l'étang des Mazières, 603 m (46°04 N/3°00 E)
But: les Combrailles et la retenue d'eau de la Sep
Difficulté: rien de majeur
Période(s): toute l'année, éviter les périodes de pluie, de neige, et de chasse.
Point culminant: 626 m, à Monteipdon
Balisage: à partir du barrage, jaune jusqu'au point coté 510; repérage facile
Carte: IGN Série Bleue 2530 O Manzat
Infos: mairie de Saint-Pardoux, 04 73 97 40 23

+ P'TITS PLUS +

- Visiter l'église de l'ancien prieuré de Saint-Hilaire-la-Croix à 4 km à l'est du hameau des Mazières.

Sur la marge orientale du plateau des Combrailles, alternant entre bocages, cultures et sous-bois, ce bel itinéraire familial à la découverte du barrage de la Sep et de son avifaune est à consommer sans modération...

Avancer dans le hameau des Mazières en abandonnant sur la droite le petit étang. Laisser un cul-de-sac à gauche et la route bitumée à droite pour prendre en face un chemin carrossable dans les champs. Rejoindre la lisière d'un bois ❶ et descendre sous le couvert forestier. À la retenue d'eau de la Sep, obliquer à droite et suivre un large chemin à découvert jusqu'au ruisseau de la Sep. Franchir le ruisseau, et emprunter à gauche un chemin qui se rétrécit ❷. Avancer en sous-bois sur 900 m, franchir un deuxième ruisseau et laisser une petite sente à droite. Remonter jusqu'à une intersection, s'engager sur la gauche. Un panneau indique un point coté 510 ❸, ignorer un chemin à gauche et monter à droite sur 500 m jusqu'à l'entrée de Valmort; avancer dans le hameau, et tourner à gauche au puits couvert entre deux maisons. Passer devant la chapelle Sainte-Agathe et revenir à l'intersection à l'entrée du hameau pour rejoindre un large chemin qui part à droite jusqu'au barrage. Laisser l'édifice de retenue sur sa gauche, contourner la barrière ❹, et descendre vers l'émissaire au pied du barrage. En bas, avancer une centaine de mètres puis franchir le ruisseau de la Sep en ignorant un large chemin à droite et remonter la piste en forêt jusqu'à la lisière du bois et des prairies. Au deuxième carrefour près de la D 406 ❺, prendre à gauche puis continuer tout droit sur 1,5 km jusqu'à Monteipdon. Descendre devant une mare ❻ et tourner à gauche; un chemin entre les maisons permet de trouver rapidement une petite partie forestière. À la sortie du bois, rejoindre les Mazières.

À OBSERVER

Les lève-tôt auront certainement la chance d'observer quelques ongulés comme les chevreuils et les sangliers aux abords du barrage, voire au pire, de noter leurs indices de présence. Mais ce qui surprend le plus, c'est l'avifaune et en particulier les nombreux rapaces présents: milans noirs et milans royaux, buses variables, éperviers, et faucons crécerelles...

Distance : **5,9 km** | Dénivelé : **110 m** | Horaire : **2 h (boucle)**

16. LE CHEMIN FAIS'ARTS

Un parcours varié où, au fil du chemin, sont disposées des sculptures de Gilles Perez depuis 1992. Certaines sont très visibles, d'autres se trouvent un peu à l'écart. Le promeneur pourra les chercher dans les bois en suivant les bornes sculptées en bas-relief pour les découvrir.

Suivre la piste après le parking et tourner à gauche pour passer derrière la grande sculpture en arc de cercle. Longer l'enceinte d'un ancien château, descendre jusqu'à la piste que l'on emprunte à droite (atelier de sculpture). À la D 418 ❶, s'engager à gauche sur 1 km (attention aux voitures). Dans un grand virage à gauche, partir à droite dans un chemin ❷. Au carrefour suivant, prendre le deuxième chemin à gauche face à la croix. Rejoindre la D 62 face à l'église de Chapdes-Beaufort, bifurquer à gauche, puis prendre la deuxième à gauche pour trouver la rue de la Mairie. Passer devant la Poste, traverser la place du Patural ❸ pour gagner la rue de Beaufort. Quitter la D 575 ❹ pour la rue des Pigères et continuer à gauche pour retrouver la route ❺; poursuivre en face par un chemin en sous-bois jusqu'au ponton. Grimper dans la hêtraie en face, après une prairie (sculpture d'éléments verticaux), monter le chemin à droite, passer à côté d'une sculpture en anneau. À la mare, monter à gauche jusqu'au site des « fauteuils ». Continuer à droite jusqu'à la piste, puis obliquer à gauche jusqu'au parking.

Variante : il est possible de monter à la Vierge de Beaufort juste à côté du parking.

Composition de Gilles Perez.

Accès : prendre la D 941 et la D 62 jusqu'à Saint-Ours. Passer sous l'A 89 et aller jsuqu'à Chapdes-Beaufort. À l'entrée du village, tourner à droite sur la D 575 direction Pulvérières. Parking sur la gauche indiqué (28 km, 35 mn de Clermont).
Départ : parking entre Chapdes-Beaufort et Pulvérières à proximité de la D 575, 850 m (45°89 N/2°88 E)
But : petit circuit dans les Combrailles autour des scuplture s de Gilles Perez.
Difficulté : aucune
Période(s) : toute l'année
Point culminant : 860 m
Balisage : bleu
Carte : IGN Top 25 n° 2531 ET Chaîne des Puys
Infos : OT des Combrailles, 04 73 85 80 94

L'ART DU GIGANTISME

Gilles Perez est né à Clermont-Ferrand en 1954. Sculpteur et tailleur de pierre depuis 1979, il est devenu spécialiste de la sculpture monumentale. Parmi la vingtaine de sculptures du chemin Fais'art, on peut admirer une spirale de 40 m de long pour une hauteur de 5 m ; sa structure a nécessité un assemblage de 55 pierres d'un poids moyen de 250 kg, soit une masse totale de 14 tonnes environ…

Sculpture près du parking.

Panneau d'ensemble du chemin des sculptures.

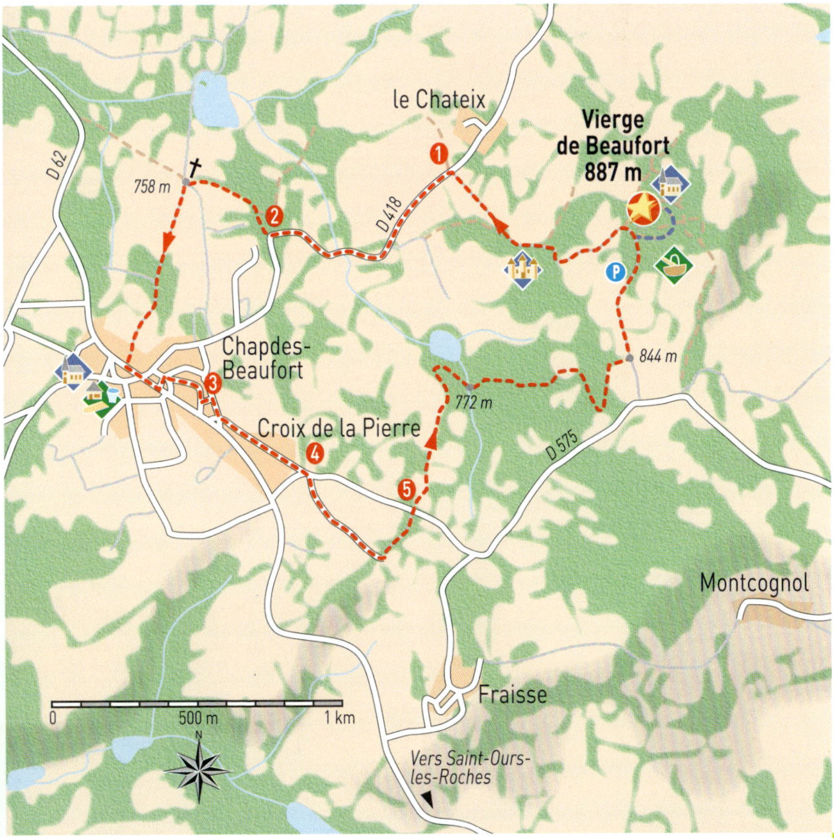

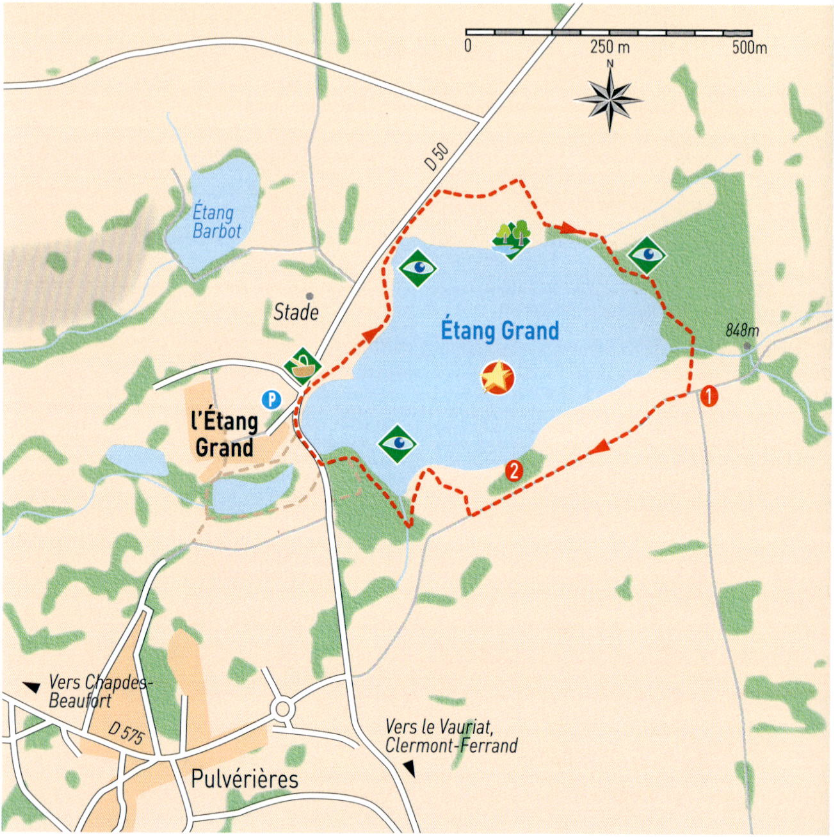

Le long de l'étang Grand.

Panneau d'information sur le sentier.

Distance : 2,4 km | Dénivelé : 10 m | Horaire : 1 h (boucle)

Grèbe huppé (Podiceps cristatus) adulte.

Accès : prendre la D 941 jusqu'à Saint-Ours, puis la D 943 à droite. Au Vauriat, suivre la D 50 direction Pulvérières et son étang Grand (27 km, 35 mn de Clermont).
Départ : parking sur la D 50 près de l'étang Grand de Pulvérières à côté du stade, 848 m (45°89 N/2°91 E)
But : observation de la vie autour de l'étang Grand à Pulvérières.
Difficulté : aucune
Période(s) : toute l'année
Point culminant : 851 m
Balisage : bleu
Carte : IGN Top 25 n° 2531 ET Chaîne des Puys
Infos : OT des Combrailles, 04 73 85 80 94

17. L'ÉTANG GRAND DE PULVÉRIÈRES

Les quatre milieux traversés – forêt d'épicéas, landes sèches, marais à forêt humide et étang – en font un site remarquable par la richesse et la rareté de son patrimoine naturel. Aujourd'hui protégé et aménagé pour l'accueil du public, cet Espace naturel sensible fait l'objet d'un suivi de la LPO et du Conservatoire des espaces naturels d'Auvergne.

Du parking du stade, traverser la D 50 pour rejoindre l'étang. Emprunter le sentier bordé de ronces dans le sens horaire. Franchir le ruisseau déversoir par un passage aménagé (panneau d'information et vue sur la chaîne des Puys). Bifurquer à droite sur un sentier qui contourne le lac (200 m à droite, poste d'observation des oiseaux). Au sortir du bois, traverser une zone humide sur un ponton en caillebotis, puis rejoindre un large chemin ❶. Le suivre à droite sur 500 m jusqu'à une sente sur la droite (panneau d'information). S'engager à travers les genêts ❷, passer derrière une cabane d'observation, longer l'étang et atteindre la route. L'emprunter à droite pour revenir au parking.

ATTENTION PRÉCIEUX !

Dans ce petit territoire de 15 hectares pour l'étang et d'une trentaine d'hectares adjacents, 149 espèces d'oiseaux (balbuzard pêcheur, grèbe huppé, busard des roseaux, bécassine des marais…) dont 46 nicheurs à proximité y ont été recensés, mais également une trentaine d'espèces de libellules (dont 8 protégées au niveau national), 27 de papillons de jour (nacré de la sanguisorbe, damier noir, petit collier argenté…), 8 de batraciens et plus de 200 espèces de fleurs dont la littorel (protégée au niveau national).

Falaise de la dent du Marais.

Vue sur le lac Chambon.

Distance : 8 km | Dénivelé : 280 m | Horaire : 3 h

Le château de Murol.

Accès : prendre la D 2089. Après Theix, au col de la Ventouse, obliquer à gauche direction Murol par la D 213 puis la D 5. À Murol, suivre la route menant au château de Murol (30 mn de Clermont).
Départ : parking du château de Murol, près du parc aux animaux, 870 m (45°57 N/2°94 E)
But : tour du lac et falaise de la dent du Marais
Difficulté : quelques montées ; faire attention en longeant la falaise
Période(s) : de fin mars à novembre. Attention aux chutes de neige précoces et tardives.
Point culminant : 1 060 m, au nord de la dent du Marais
Balisage : blanc et rouge ; puis jaune
Carte : IGN Top 25 n° 2432 ET Massif du Sancy
Infos : OT de Murol, 04 73 88 62 62

+ P'TITS PLUS +

- Visite du château de Murol, spectacle de chevalerie, tél. 04 73 88 82 50.
- Saucissons, pâtés d'agneau et viande de race Salers… Saint-Nectaire et Cantal fermiers à la GAEC de l'Oiseau à Montaleix, tél. 06 12 07 65 78.

18. LA DENT DU MARAIS ET LE LAC CHAMBON

Cet itinéraire très varié ravira les amateurs de châteaux, d'ornithologie, et de paysages à photographier. Vous découvrirez un panorama somptueux sur la vallée de Chaudefour, les sommets du massif du Sancy, et le lac Chambon. À ne pas manquer !

Depuis le parking du château de Murol, prendre le large chemin qui part en face de la montée à la forteresse et qui laisse les toilettes publiques sur la droite. Grimper tranquillement en restant sur le chemin de gauche qui rejoint la route (D 5). La traverser (faire attention !), récupérer le petit escalier qui s'élève dans un sous-bois ❶. Franchir successivement deux échelles de clôture et continuer sur le sentier qui aboutit face à la falaise. Longer celle-ci, en prenant toujours sur la gauche et monter jusqu'à un grand pré, le traverser en le longeant par la gauche. Entamer la descente sans s'approcher du bord ! Dans un virage à droite, une barrière à gauche permet l'observation de la paroi verticale et du vol des oiseaux nicheurs ❷. Descendre sur le chemin le plus large ; sur la gauche dans une aire dégagée face au lac, un gros rocher apparaît, c'est l'endroit idéal pour se désaltérer ! Continuer la descente en restant toujours à gauche. Passer devant un hangar à chèvres avant de rejoindre les maisons. Des escaliers descendent jusqu'au lac Chambon, traverser la route et longer le lac par la droite. Contourner la plage et récupérer un ponton en bois ❸ de découverte qui surplombe une zone humide sur 500 m. Un large chemin le long d'une hêtraie mène à une plage. La laisser sur la gauche et continuer tout droit pour retrouver les rues de Murol et pour se diriger en direction du château.

LE LAC CHAMBON

Il correspond à un lac de barrage d'origine volcanique, en effet le puy de Tartaret a barré la vallée, il y a un peu plus de 14 000 ans. La dent du Marais correspond, en partie, à un empilement complexe de lahars et d'une avalanche de débris issue du massif de l'Aiguiller.
Les oiseaux nichant sur la falaise sont en majorité des grands corbeaux et des faucons crécerelle, mais il n'est pas rare d'observer à proximité du lac un couple de milan royal.

Distance : 8,2 km | Dénivelé : 270 m | Horaire : 3 h

19. SAINT-NECTAIRE ET SAPCHAT

Le nom de Saint-Nectaire évoque à lui seul : un village, le thermalisme, l'histoire, l'art roman, la gastronomie et la géologie. La multiplicité culturelle autour de cette randonnée donne la valeur ajoutée à cet incontournable lieu.

Depuis le parking du centre Thermoludique, descendre vers le Casino. Emprunter la rue à droite juste avant celui-ci, elle rejoint la D 150 en direction de Sapchat. Immédiatement, obliquer encore à droite et laisser la D 150 à gauche. Passer devant un pré arrosé par une source salée (panneau explicatif) ❶. Après 700 m, tourner à gauche et suivre un large chemin qui s'élève rapidement sur 3 virages. 1 km plus loin, prendre à gauche le chemin qui monte ; passer devant un menhir christianisé ❷, le chemin redescend ensuite pour rejoindre la D 150. Un panorama s'offre sur le château de Murol et le versant est du massif du Sancy. Suivre la route sur 300 m, à l'entrée de Sapchat, tourner à gauche et abandonner le village par une voie carrossable qui longe un cours d'eau. Après 900 m, prendre à droite au carrefour suivant ❸ et atteindre les Granges. Traverser le hameau et rester sur cette large piste qui ramène, après plus de 2 km, sur Saint-Nectaire. Rejoindre le parking, non sans avoir visité la ville haute et sa magnifique église romane aux chapiteaux historiés polychromes...

SAINT-NECTAIRE

Le village de Saint-Nectaire regorge de merveilles, avec son église, son trésor et ses chapiteaux bien sûr, mais aussi une source salée à proximité du point de départ de la randonnée, une source pétrifiante (visite possible), des bains romains, un dolmen dans le parc de la ville haute, et un nom synonyme d'un grand fromage... Mais la toponymie originelle rappelle la ferveur chrétienne d'un moine compagnon de saint Austremoine venu évangéliser la région au IIIe siècle.

Le buste de saint Baudime dans l'église de Saint-Nectaire.

Accès : emprunter la D 2089. Après Theix, au col de la Ventouse, obliquer à gauche direction Besse par la D 213 puis la D 5. Après Zanières, tourner à gauche sur la D 74. Au Vernet-Sainte-Marguerite, prendre direction Saint-Nectaire jusqu'aux thermes (40 mn, 36 km de Clermont)
Départ : parking possible au centre Thermoludique à Saint-Nectaire ou au pied du mont Cornadore, 700 m (45°58 N/2°99 E)
But : découvrir un des plus beaux villages du département et ses alentours
Difficulté : des Granges à Saint-Nectaire, le chemin peut être boueux !
Période(s) : toute l'année hormis les périodes d'abondance neigeuse
Point culminant : 820 m (près du jalon ❷, menhir christianisé)
Balisage : blanc et rouge jusqu'à ❷, absent puis jaune à partir de ❸
Carte : IGN Top 25 n° 2432 ET Massif du Sancy
Infos : OT de Saint-Nectaire, 0473884048

+ P'TITS PLUS +

- Détente après la balade au centre aqualudique Thermadore, tél. 0473788347.
- Fabrication de galoches et de sabots à Sapchat, tél. 0473886861.

hapiteau de la croix du rédempteur.

La façade nord de l'église de Saint-Nectaire.

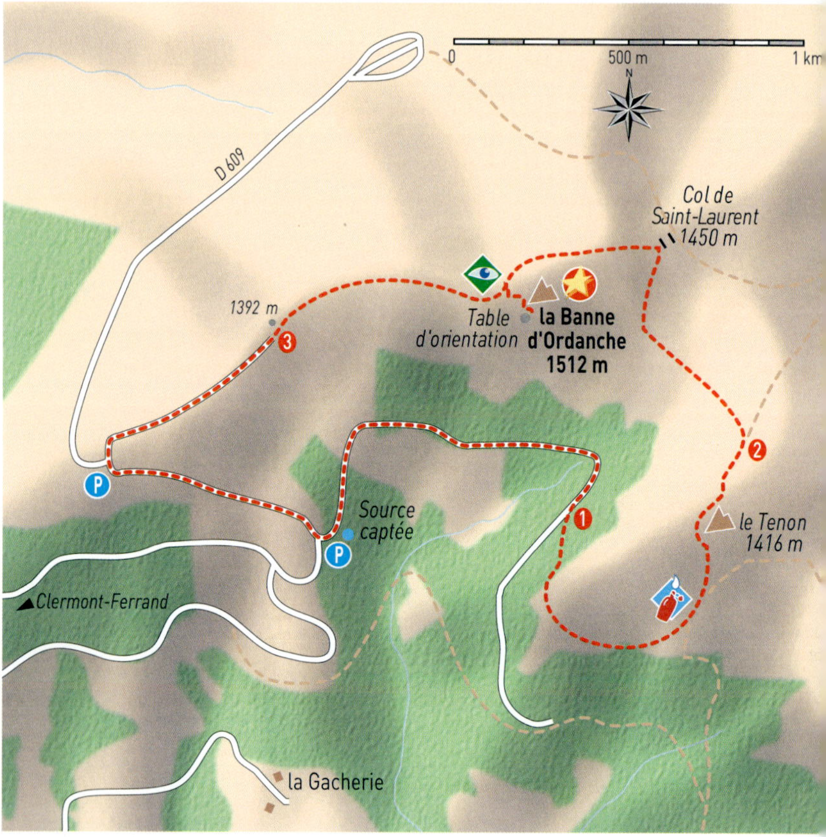

La Banne d'Ordanche depuis le Tenon.

Panorama sur les estives du Guéry et la chaîne des Puys.

Distance : **5,8 km** | Dénivelé : **310 m** | Horaire : **2 h 30 (boucle)**

gauche le puy Gros, au fond le
ancy.

ccès : par la D 2089, suivre
ochefort-Montagne, puis
aqueuille (D 922). Traverser
lurat-le-Quaire en direction de
Banne d'Ordanche sur la D 609
5 km, 50 mn de Clermont)

épart : parking au niveau de
source captée ou plus haut à
ntersection du chemin d'accès
ux « ailes silencieuses » sur le bas-
ôté, 1 260 m (45°60 N/2°76 E)

ut : le sommet d'une cheminée
olcanique pour une vue à 360°
ur le massif du Sancy

ifficulté : la montée au Tenon
t l'ascension finale à la Banne
Ordanche sont très courtes mais
tenses.

ériode(s) : du printemps à
automne. Éviter les périodes
luvieuses car l'itinéraire est
xposé.

oint culminant : 1 512 m, Banne
Ordanche

alisage : partiel jaune, repérage
acile

arte : IGN Top 25 n° 2432 ET
lassif du Sancy

fos : OT de Murat-le-Quaire,
473 65 53 13

20. LA BANNE D'ORDANCHE PAR LE TENON

Au-dessus du village de Murat-le-Quaire, le sommet de la Banne d'Ordanche offre une des plus belles vues sur la vallée du Mont-Dore et le puy de Sancy avec l'avantage d'être un peu moins fréquenté.

Depuis le parking, rejoindre la source captée et emprunter le large chemin forestier qui suit les courbes de niveau sur un bon kilomètre. Après un virage à droite, prendre le chemin qui monte à gauche ❶. Sortir de la forêt au niveau d'un bâtiment agricole sur la gauche. Le chemin continue de s'élever en dominant la vallée. Laisser des ruines et un bac à eau pour emprunter la sente qui grimpe sur la gauche et rallier le sommet du Tenon face à la Banne. Le sentier rejoint une clôture ❷, la contourner par la gauche pour rattraper le chemin d'accès principal au sommet. Le sentier gagne des escaliers qui mènent à une table d'orientation pour jouir du panorama depuis la Banne. Redescendre les escaliers et poursuivre au-delà de l'antenne relais ❸ dans les estives jusqu'à la route (D 609). Retrouver le point de départ en descendant la route à gauche.

+ P'TITS PLUS +

- Ne manquez pas la visite du scénomusée de la Toinette et de la Grange de Julien, tél. 04 73 81 12 28.
- Auvergnattitude propose depuis Murat-le-Quaire et sur tout le massif, randonnées goûter bio, nordic walking, biathlon, escalade, parapente, course d'orientation, tél. 06 30 37 07 84, www.auvergnattitude.fr

À SAVOIR

On devine aisément, depuis le sommet de la Banne d'Ordanche (un ancien cône de scories), le travail de l'érosion glaciaire de la fin du quaternaire au regard de la vallée de la Haute Dordogne qu'elle domine. Cette zone témoigne également de l'équilibre trouvé par les hommes entre tradition agricole d'estives bovine et ovine et développement des activités modernes hivernales. Les ruines des burons présents sous le Tenon constituent les vestiges d'une époque où les hommes fabriquaient le fromage pendant la belle saison en montagne.

Le lac Pavin.

Un taureau ferandais dans les estives.

Distance : 4,4 km | Dénivelé : 150 m | Horaire : 1 h 30 (boucle)

21. LE LAC PAVIN

Linaigrette vaginée (*Eriophorum vaginatum*).

Accès : emprunter l'A 75 puis la sortie 6 pour Champeix. Suivre la direction de Besse (D 978). 3 km après Besse, en direction de Super-Besse, prendre à gauche au rond-point. Se garer sur le parking prévu à cet effet (50 km, 55 mn de Clermont)
Départ : parking au-dessus du rond-point entre Besse et Super-Besse, 1 170 m (45°50 N/2°89 E)
But : découvrir un cratère d'éruption phréatomagmatique
Difficulté : aucune mais prévoir impérativement d'être bien chaussé
Période(s) : du printemps à l'automne ; éviter les périodes de pluie et surtout de gel.
Point culminant : 1 300 m (au jalon ❷)
Balisage : pas de balisage particulier, repérage facile.
Carte : IGN Top 25 n° 2432 ET Massif du Sancy
Infos : OT de Besse, 0473795284

+ P'TITS PLUS +

- Hôtel restaurant à Super-Besse, Sophie & Gaelle à L'Hôtel Gergovia, tél. 0473796015.
- Saint-nectaire fermier et viande de Salers à la ferme des Ribages (route de la Chapelle-de-Vassivière), entre Besse et Picherande, tél. 0473796113.

Non seulement un lac mais aussi un volcan, le Pavin, âgé de 6 900 ans, est en effet le plus jeune édifice éruptif de France métropolitaine. Le calme de ses eaux cache, dans ses profondeurs, le mystère des sciences de la vie et de la terre mais également des légendes…

Emprunter le petit chemin au bout du parking qui monte en contrebas de la route au lac Pavin. Traverser la route et rejoindre une esplanade face au lac. À droite, un chemin contourne le lac, l'emprunter sur 5 m et, immédiatement, monter à droite une petite sente entre les hêtres ❶. Elle sort du cratère au bout d'une trentaine de mètres et repique sur la lèvre de celui-ci. Suivre cette sente sur la bordure du cratère entre hêtres et sapins, celle-ci s'élargit un peu et devient plus confortable. Longer une prairie d'estive et une clôture barbelée jusqu'à récupérer une forêt de conifères plus dense. La traverser sur 200 m et atteindre une large piste carrossable ❷ qui s'élève à gauche sur deux virages. Rejoindre une intersection, continuer à gauche, le chemin descend jusqu'à une route ❸ et un foyer de ski de fond. Le lac apparaît à gauche au travers de la forêt à proximité d'un panneau explicatif du site. Suivre le chemin parallèle à la route au milieu des conifères sur environ 500 m puis repiquer dans une épingle ❹ qui descend sur la gauche. Récupérer un sentier plus étroit qui surplombe le lac et l'emprunter sur la droite. Le chemin rejoint l'esplanade de départ ; redescendre au parking.

UN LAC MYSTÉRIEUX

La légende veut qu'un ancien village soit caché au fond du lac et qu'on entende de temps à autre les cloches de l'église engloutie… La profondeur inquiétante et exceptionnelle (92 m) de ce maar (volcan d'éruption phréatomagmatique) a suscité bon nombre de légendes. Ce qui est sûr, c'est que le Pavin est le seul lac méromictique en France, c'est-à-dire que les eaux de profondeur (au-delà de 60 m) sont sans oxygène (ou anoxique) et ne sont pas brassées avec les eaux de surface.

Distance : **6,8 km** | Dénivelé : **570 m** | Horaire : **3 h 45 (boucle)**

22. LE PUY DE SANCY

Venez conquérir le toit du Massif central pour une vue époustouflante à 360°. Chamois, mouflons, et marmottes seront peut-être vos compagnons lors de la descente en bordure de la Réserve naturelle de Chastreix Sancy ainsi que sa flore d'exception.

Depuis le parking de la station, emprunter la large piste entre le poste de secours et la gare de départ du téléphérique n° 1. Au virage des sources de la Dordogne ❶, monter à gauche sur la piste du Pan de la Grange. Continuer sur cette piste caillouteuse puis passer sous le télésiège. Atteindre un plateau sous le puy de Sancy, laisser un bâtiment sur la droite ❷ et suivre le chemin le long du téléski du Ferrand Nord. Gagner le carrefour du col de la Cabane ❸ et grimper la dernière partie rocailleuse jusqu'à la table d'orientation au sommet du puy de Sancy. Descendre, sur l'autre versant, les marches en bois jusqu'à la fourche du pas de l'Âne ❹. Laisser la pistes de ski à droite pour suivre à gauche un sentier à flanc sur le versant de la Réserve naturelle de la vallée de la Fontaine Salée. Passer sous le puy Redon et bifurquer à droite au col de Courre ❺. Descendre au fond du vallon parallèlement au ruisseau, passer le Verrou du val de Courre ❻ et longer le téléski jusqu'aux vieux burons. Suivre un chemin en surplomb du parking, passer la gare de départ du téléphérique n° 2 et retrouver le n° 1.

Sancy, vue sur la vallée de la Fontaine Salée.

Accès : par la D 2089, passer le col de la Ventouse puis tourner à gauche au lieu-dit Randanne sur la D 983 en direction du Mont-Dore. Traverser le Mont-Dore, prendre la direction de la station de ski (50 km, 50 mn de Clermont)
Départ : station du Sancy, parking du téléphérique n° 1 (gauche), 1 320 m (45°54 N/2°81 E)
But : le puy de Sancy
Difficulté : la dénivelée positive s'effectue sur toute la première moitié du trajet ; montée soutenue, passages caillouteux.
Période(s) : fin de printemps à début d'automne ; éviter les périodes de pluie, de vent, et de froid.
Point culminant : 1 886 m au puy de Sancy
Balisage : rouge blanc et fléchage
Carte : IGN Top 25 n° 2432 ET Massif du Sancy
Infos : OT du Mont-Dore, 04 73 65 20 21

LA FÊTE AU SOMMET

Jadis puy de la Croix ou puy de la Saint-Sixte, le puy de Sancy reprend, le temps d'une journée (6 août), cette ancienne appellation pour une ascension par tous les chemins possibles (Chastreix, Super-Besse, Mont-Dore, col de la Geneste…). Ce rassemblement festif au sommet, sur fond de liqueur de gentiane, saint-nectaire fermier et cochonnaille, entretient la ferveur passionnelle pour leur pays des accompagnateurs en montagne locaux.

+ P'TITS PLUS +

• Possibilité de montée en téléphérique depuis le parking jusqu'à 1 780 m, tél. 04 73 65 02 23

Le sommet du téléphérique et les crêtes est du Sancy.

Montée au puy de Sancy.

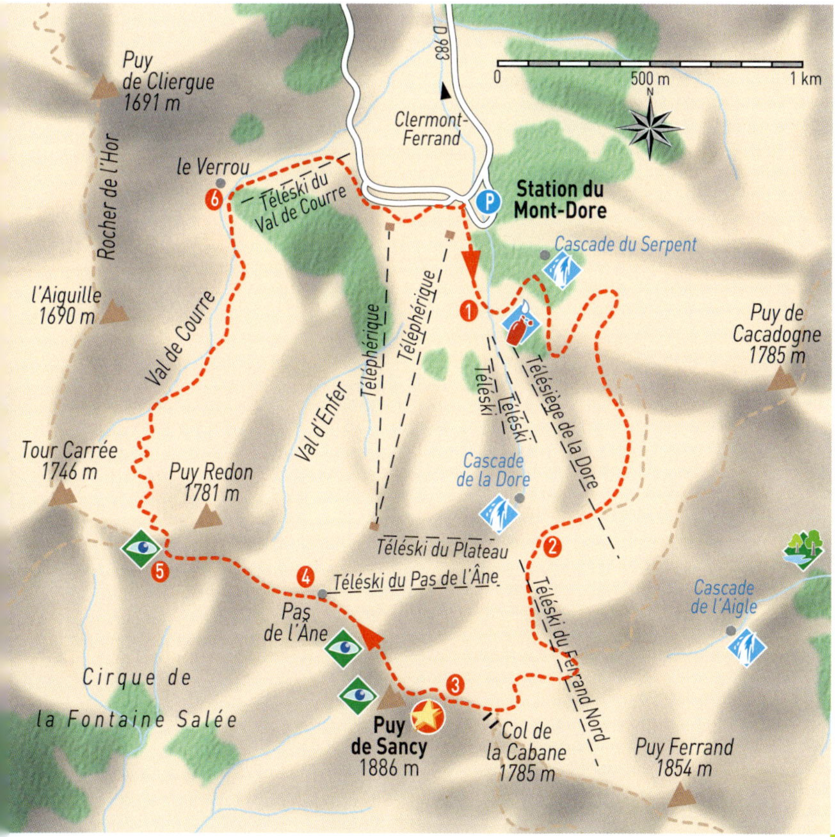

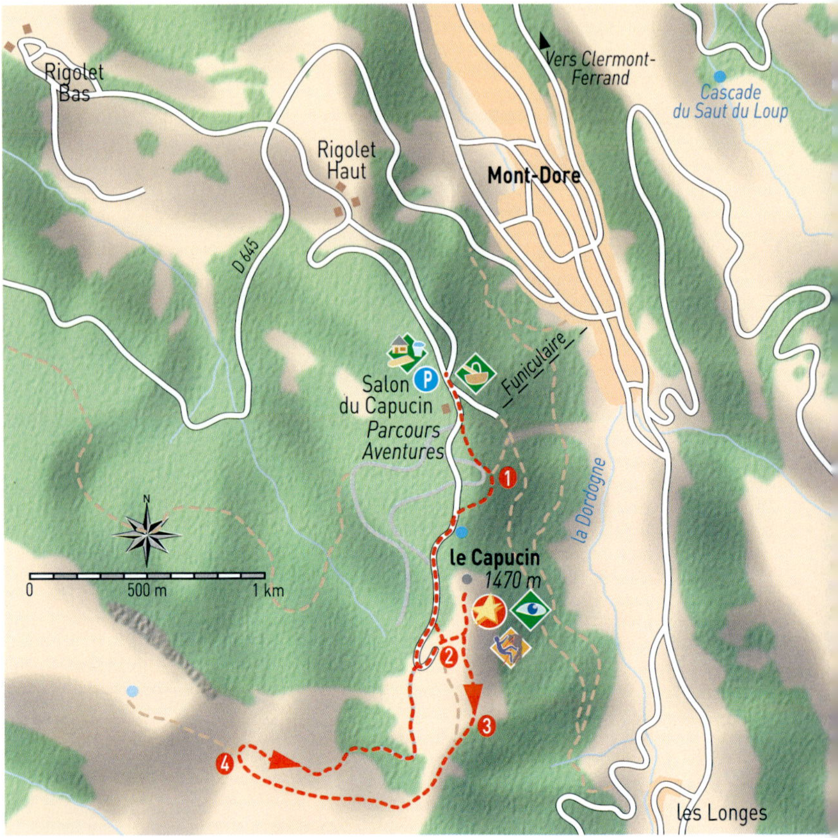

Depuis la Banne, vue sur la vallée de la Haute Dordogne.

Anémone fausse-renoncule (Anemone ranunculoides).

Accès: par la D 2089, passer le col de la Ventouse puis tourner à gauche au lieu-dit Randanne sur la D 983 en direction du Mont-Dore. Traverser le Mont-Dore, prendre direction La Tour-d'Auvergne par la D 645. À Rigolet-Haut, obliquer à gauche puis avancer jusqu'au Salon du Capucin (50 km, 50 mn de Clermont)
Départ: parking au Salon du Capucin au-dessus de Rigolet-Haut, 1 249 m (45°56 N/2°80 E)
But: le dôme du Capucin, 1 470 m
Difficulté: quelques montées un peu raides
Période(s): du printemps à l'automne. Éviter les périodes de gel, de brouillard, d'enneigement et de pluie!
Point culminant: 1 480 m (au-dessus de la carrière du Capucin)
Balisage: aucun, repérage très facile
Carte: IGN Top 25 n° 2432 ET Massif du Sancy
Infos: OT du Mont-Dore, 0473652021

+ P'TITS PLUS +

- Mont-Dore Aventures: parcours acrobatique en hauteur dans la forêt du Capucin sur plus de 4 ha, tél. 0473650000.
- Via ferrata sur le rocher du Capucin, tél. 0613722318.
- Restaurant Le Salon du Capucin, tél. 0473218943.

Distance: 6,3 km | Dénivelé: 300 m | Horaire: 2h30 (boucle)

23. LE DÔME DU CAPUCIN

Au-dessus du Mont-Dore, après avoir traversé une magnifique hêtraie sapinière, venez prendre de la hauteur sur les sommets volcaniques pour contempler l'un des plus beaux panoramas sur le massif du Sancy et la vallée de la Haute Dordogne.

Depuis le Salon du Capucin, emprunter sur une centaine de mètres la piste partiellement bitumée qui passe entre le parc aventure en hauteur et le restaurant; à la patte-d'oie suivant la grande aire herbeuse, prendre un sentier (itinéraire à raquettes) à gauche. Couper un virage en épingle d'une large piste ❶, et poursuivre sur le sentier dans une belle forêt claire. Rattraper la route de départ, dépasser un réservoir et une aire dégagée pour une pente plus raide. Monter une sente à gauche au-dessus de la route jusqu'à une maison en pierre ❷. Continuer à gauche jusqu'au sommet du Capucin (attention: falaises!). Redescendre et traverser droit l'estive pour récupérer une sente en bordure de clôture ❸ et rejoindre la piste principale. Passer les vestiges d'une carrière, et immédiatement après une partie raide, bifurquer à droite le long d'un plateau dégagé. Atteindre une piste ❹, la suivre sur la droite en redescendant dans la limite de végétation arbustive. Continuer et récupérer la route principale qui mène au parking de départ.

LE FUNICULAIRE

Pendant l'apogée du thermalisme local, fut mis en service, en 1898, un funiculaire électrique reliant le Mont-Dore au Salon du Capucin avec une voie unique et un évitement central. Dès 1907, les skieurs l'utilisèrent pour la descente de la piste des Pradets aujourd'hui disparue. Inscrit à l'inventaire des monuments historiques en 1984, l'appareillage fonctionne encore à la belle saison avec ses voitures-cabines d'époque.

Distance : 2,2 km | Dénivelé : 30 m | Horaire : 1 h (boucle)

La droseira : plante carnivore des tourbières.

24. LE LAC SERVIÈRES

Du latin cerveria, la terre des « serfs », ou du vieux mot serve, signifiant « pêcherie », « étendue d'eau où l'on conserve le poisson », ou encore d'une déformation du latin silvaria, « espace boisé », ce lac circulaire de 15 hectares culmine à une altitude de 1 202 mètres, ce qui en fait l'un des plus hauts du département.

Depuis le parking, emprunter la piste derrière le panneau explicatif sur le volcanisme et atteindre le lac. Le contourner par la piste au-dessus de la berge ❶. Rejoindre une clôture ❷, franchir l'échelle et l'émissaire du lac. Avancer vers une seconde clôture devant une plantation d'épicéas, grimper une deuxième échelle. Longer la forêt et avancer vers une zone de tourbière ❸ signalée et emprunter les passerelles aménagées pour la traverser. Remonter ensuite un chemin à gauche ❹ dans une forêt de conifères. Après 100 m, arriver à une intersection en T, tourner à droite dans une piste forestière. Atteindre le chemin qui ramène au parking de départ.

Les tras du Servières.

Accès : prendre la D 2089, passer le col de la Ventouse puis tourner à gauche au lieu-dit Randanne sur la D 983 en direction du Mont-Dore. Faire 9 km jusqu'au lac Servières (32 km de Clermont)
Départ : parking en face du Café du Lac de Servières, 1 190 m (45°64 N/2°85 E)
But : tour du lac Servières
Difficulté : aucune, peu de dénivelée
Période(s) : du printemps à l'automne
Point culminant : 1 210 m (carrefour à l'ouest de ❹)
Balisage : partiel bleu, repérage très facile
Carte : IGN Top 25 n° 2432 ET Massif du Sancy
Infos : OT des Dômes du Sancy, 04 73 65 89 77

+ P'TITS PLUS +

• Le Café du Lac, en face du parking du lac Servières, tél. 04 73 65 93 63.

PROPRIÉTÉ PRIVÉE

Appartenant aux établissements Michelin, le lac Servières est un maar basaltique âgé d'environ 10 000 ans, mesurant 300 mètres de diamètre pour 26,5 mètres de profondeur. Bien que le nautisme et la baignade y soient interdits, il n'est pas rare de voir plusieurs dizaines de nageurs à la belle saison ce qui n'est pas sans créer des tensions avec les pêcheurs qui payent un droit d'exploitation…
Dans la grande prairie au sud-est du lac, de curieux alignements (tras) sont visibles ; il s'agirait d'habitations primitives destinées à l'estive et utilisées jusqu'à la construction en dur des burons.

Le lac de Servières.

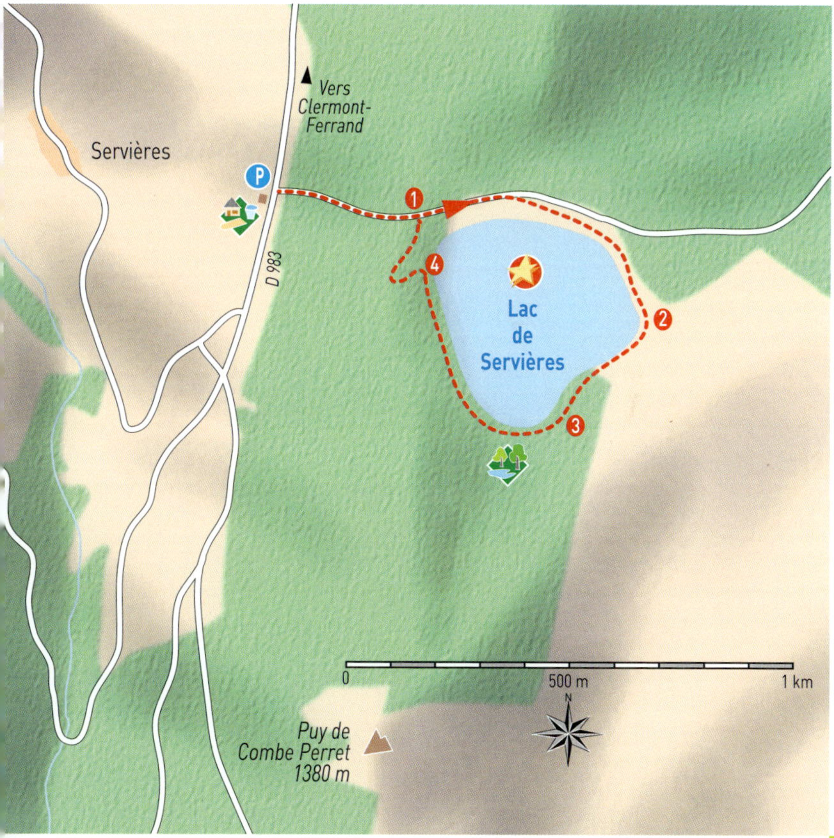

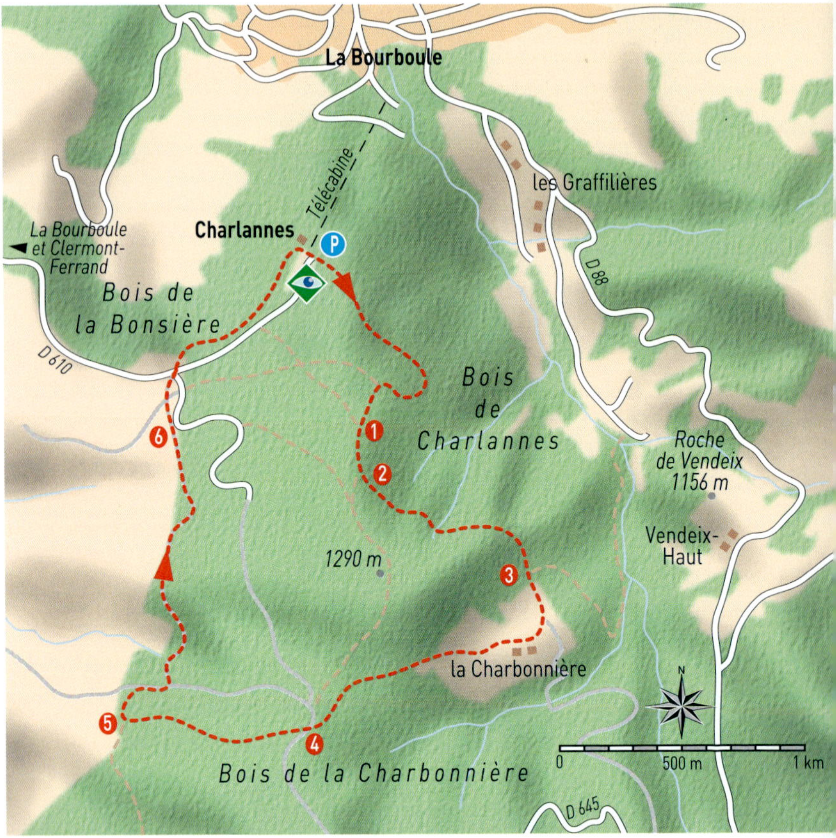

Pin sylvestre (Pinus Sylvestrus).

La parisette à quatre feuilles (Paris quadrifolia).

Distance : 7,2 km | Dénivelé : 225 m | Horaire : 2 h 30 (boucle)

25. LES BOIS DE CHARLANNES

Œillet de Montpellier (Dianthus monspessulanus).

Accès : suivre Rochefort-montagne (D 2089), puis Laqueuille (D 922) et La Bourboule. À 5 mn de La Bourboule, par la D 129 puis la D 610, rejoindre Charlannes (57 km, 1 h de Clermont)
Départ : parking d'arrivée de la télécabine de Charlannes, 1 146 m (45°57 N/2°73 E)
But : les bois de Charlannes
Difficulté : aucune
Période(s) : du printemps à l'automne
Point culminant : 1 250 m
Balisage : partiel jaune, fléchage
Carte : IGN Top 25 n° 2432 ET Massif du Sancy
Infos : OT de La Bourboule, 04 73 65 57 71

+ P'TITS PLUS +

• À La Bourboule :
– ne manquez pas le parc Fenestre, pour les enfants ou pour les grands, toboggans géants et bel arboretum ;
– restaurant L'Amuse bouche, Jacques et Lucie, tél. 04 73 21 68 85.

Voici un agréable itinéraire boisé sur un plateau d'altitude à proximité de la ville thermale de La Bourboule.

Depuis la gare d'arrivée de la télécabine, laisser le bâtiment derrière soi et avancer sur un chemin forestier en bordure de plateau offrant un panorama sur la vallée de La Bourboule et les sommets voisins. Après un large virage à droite, monter dans la forêt et intercepter un chemin à gauche ❶. À l'intersection suivante ❷, descendre à droite jusqu'à une clairière ouverte ❸, longer des clôtures sur 100 m puis bifurquer à droite vers les bâtiments de la Charbonnière. Remonter sous le couvert forestier, laisser un chemin à droite puis au carrefour suivant, continuer tout droit ❹. 900 m après dans une épingle en lisière de bois ❺, emprunter la large piste carrossable qui suit approximativement la bordure du bois. Passer un regard sur une conduite d'eau à droite, puis laisser un abri en pierre coiffé d'un toit pentu à gauche ❻ et rejoindre la route menant à Charlannes (D 610). Traverser la route et récupérer le parking de départ.

À OBSERVER

Les bois de Charlannes sont constitués majoritairement de hêtraies sapinières naturelles et de plantations denses de conifères. Très giboyeuse (chevreuils, sangliers...), la forêt abrite également une avifaune importante, ainsi que de nombreux mustélidés comme l'hermine, la martre, ou la belette. Pas toujours faciles à observer, ces animaux laissent cependant de nombreux indices de leur présence, tout au long du parcours (laissées, empreintes et voies).

Distance : 6,5 km | Dénivelé : 250 m | Horaire : 2 h 15 (boucle)

26. AU DÉPART D'ORCIVAL

Depuis la célèbre basilique d'Orcival, un idéal petit parcours bucolique entre forêts giboyeuses, paysages de calmes prairies et fermes de moyenne altitude.

Depuis le parking de l'église, laisser à gauche la route de Rochefort et emprunter la rue, direction Clermont-Ferrand. Au croisement de la D 27, traverser celle-ci et monter par le chemin en face. Dépasser la petite chapelle à droite et suivre le chemin plat à gauche. Passer la ferme, prendre la première à droite, puis ignorer successivement le chemin du pylône à gauche ❶ et une piste à droite. À la fourche suivante, s'engager à droite, puis après 200 m, monter à droite sur une ancienne piste forestière. Passer un point haut (1 052 m), le chemin amorce un virage à gauche ❷ et descend sur 200 m. À l'intersection suivante, bifurquer à droite et remonter le chemin. Récupérer une grande piste forestière, la suivre sur 900 m jusqu'à la sortie de la forêt. Après 400 m, emprunter la D 74 à droite sur 150 m et s'orienter à droite ❸ sur un chemin dans les prés qui domine le vallon. Passer une source captée, puis une ferme, trouver une piste goudronnée et descendre jusqu'à Orcival.

Clocher, massif barlong et chevet de la basilique d'Orcival.

Accès : 5 km après le col de la Moreno, emprunter la D 942. Au rond-point des 4 routes, suivre « Orcival » par la D 216, puis la D 27 (26 km, 35 mn de Clermont).
Départ : parking de la basilique d'Orcival, 874 m (45°68 N/2°84 E)
But : circuit surplombant le vallon d'Orcival
Difficulté : aucune, à éviter si beaucoup de neige
Période(s) : toute l'année, sauf si beaucoup de neige
Point culminant : 1 069 m
Balisage : aucun, mais repérage très facile
Carte : IGN Top 25 n° 2531 ET Chaîne des Puys
Infos : OT d'Orcival, 04 73 65 89 77

+ P'TITS PLUS +

- Visite de la basilique romane majeure d'Orcival.
- Le musée du Chocolat, pâtes de fruits et autres spécialités maisons : Maison Sabatier, 04 73 65 85 60.

MYSTÈRE

L'implantation de la basilique reste énigmatique : au XIIe siècle, pour sa construction au fond d'un vallon, il a fallu détourner le lit d'un ruisseau et creuser la montagne. Près de la porte sud, le chapiteau intitulé « Fol dives » (le riche ce fou) présente un homme aux pieds glissant sur le bord de l'astragale, entraîné par le poids de sa bourse à laquelle il s'agrippe…

Vue sur le puy de l'Ouire en sortant de la forêt.

Le château de Cordes près d'Orcival.

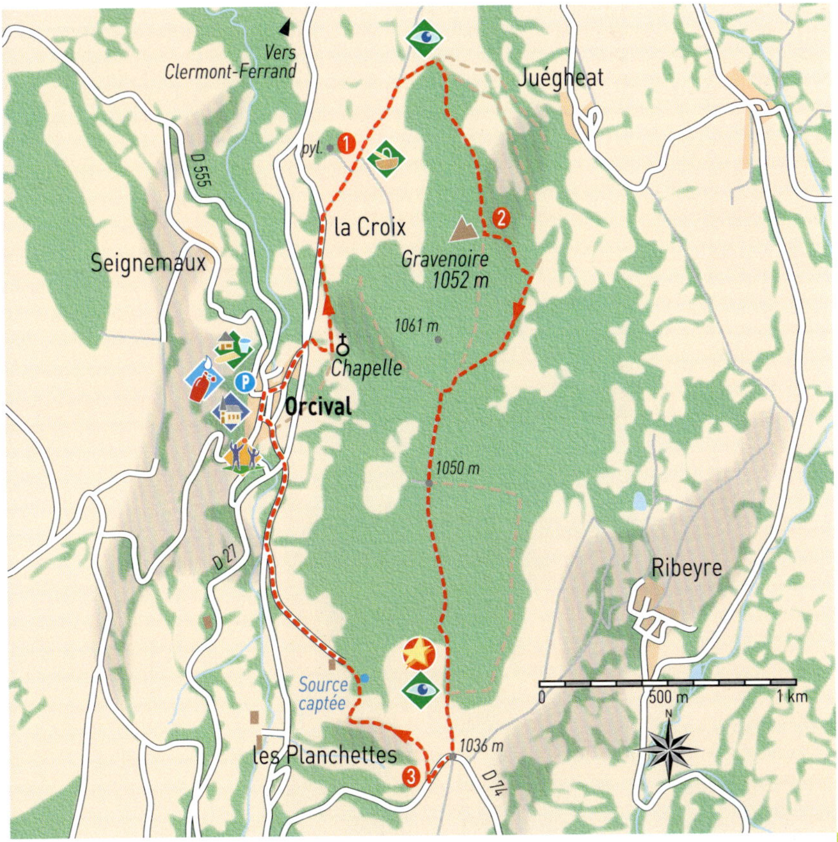

27. LES BOIS DE PESSADE ET LE PUY DE LA VÉDRINE

La route s'arrête à Pessade donnant un aspect de semblant du bout du monde. La faible fréquentation du secteur procure un caractère très sauvage aux landes, aux montagnes et aux bois environnants : l'Auvergne à l'état brut...

Depuis le parking, laisser Pessade à gauche et bifurquer immédiatement à droite vers le foyer de ski de fond ❶. Pénétrer dans la forêt et suivre la piste principale dans tout le bois. Après un grand virage à gauche en lisière de plantations et de prés, passer une barrière ❷, traverser la partie basse d'un grand pré sur 150 m et rattraper un large chemin qui monte dans la lande. Après un virage à gauche, bifurquer à droite sur une vieille piste plus chaotique et monter à flanc dans la callune et les myrtilliers, le long de tortueux bouleaux. Rejoindre la piste principale en bordure de forêt de pins et d'épicéas ❸. Descendre le chemin le long de l'épaule du puy de la Védrine. Franchir le ruisseau de Labadeau ❹ et poursuivre sur cette même piste jusqu'à Pessade. Passer la barrière ❺ puis entrer dans le hameau, tourner à gauche après le bac à eau et retrouver le parking de départ.

Variante : après ❶, 500 m après avoir pénétré dans le bois, monter une large piste à gauche dans le bois et poursuivre ainsi jusqu'à la lisière du bois et la barrière ❷. Cette variante peut être utilisée comme itinéraire de retour si l'on ne souhaite pas monter au puy de la Védrine.

Recommandations dans les zones d'estive.

Accès : prendre la D 2089, passer le col de la Ventouse et à Randanne, tourner à gauche sur la D 983, puis la D 74 et la D 789 jusqu'à Pessade (32 km de Clermont)
Départ : parking sur la droite à l'entrée de Pessade, 1 170 m (45°63 N/2°88 E)
But : puy de la Védrine et tour du bois de Pessade
Difficulté : passages parfois boueux
Période(s) : du printemps à l'automne. Éviter les périodes de gel et de pluie
Point culminant : 1 370 m (à ❸, au pied du puy de Baladou)
Balisage : rouge et blanc depuis le point culminant jusqu'à Pessade
Carte : IGN Top 25 n° 2432 ET Massif du Sancy
Infos : mairie de Saulzet-le-Froid, 04 73 79 33 65

Charolaise à l'estive.

Vue sur la chaîne des Puys.

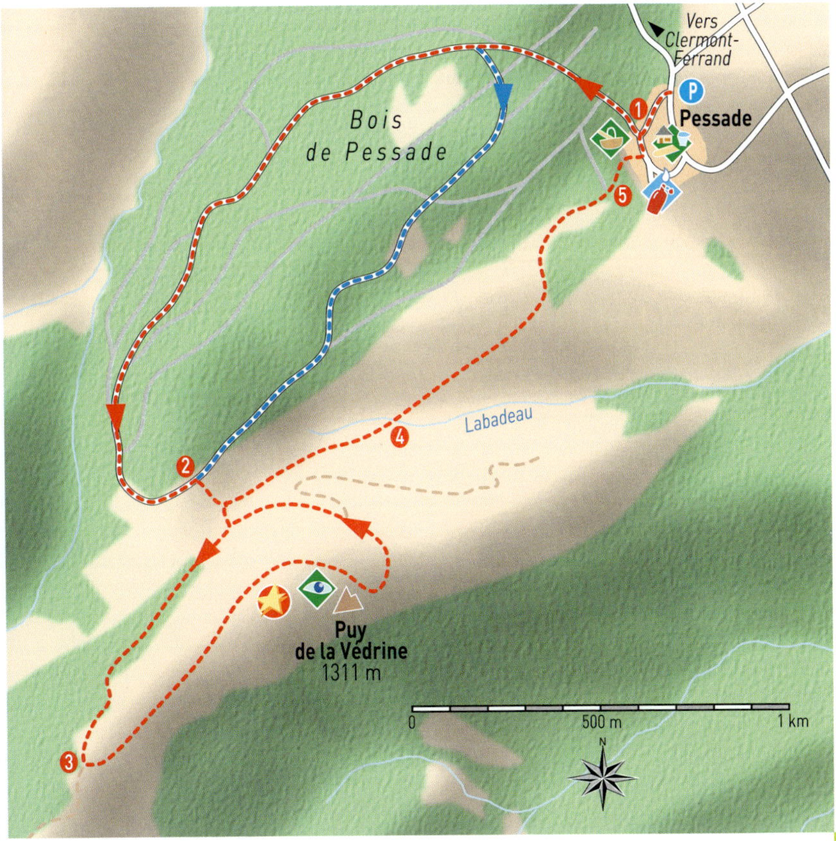

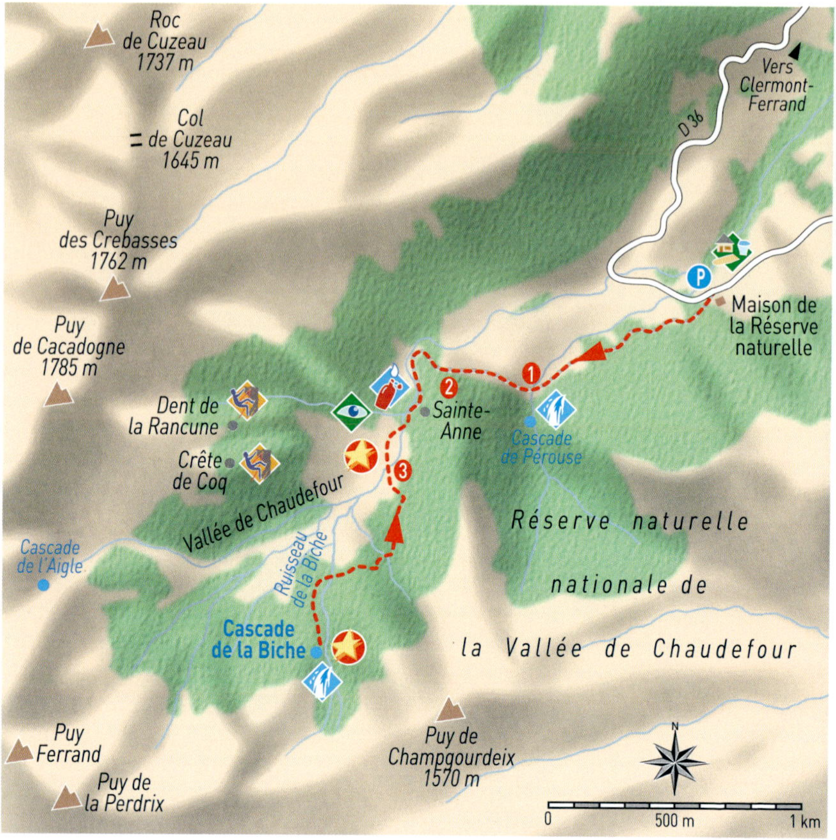

De gauche à droite : la Crête-de-coq et la dent de la Rancune.

Distance : 6 km | Dénivelé : 250 m | Horaire : 2 h 30 (aller-retour)

Le lis martagon (Lilium martagon).

28. LA VALLÉE DE CHAUDEFOUR

La vallée de Chaudefour résulte d'une importante activité volcanique suivie d'une érosion glaciaire puis torrentielle. Les nombreuses influences climatiques qu'elle a subies offrent une biodiversité végétale exceptionnelle, dans laquelle s'épanouissent chamois, mouflons et marmottes. Depuis 1991, cette vallée est classée en Réserve naturelle.

Accès : emprunter la D 2089, passer Theix. Au col de la Ventouse, tourner à gauche et prendre la direction de Murol par la D 213 puis la D 5. Au lac du Chambon, suivre Chambon-sur-Lac par la D 996, traverser Varennes et Chambon puis par la D 636 et la D 36, aller jusqu'à la vallée de Chaudefour (44 km, 45 mn de Clermont)

Départ : parking devant la Maison de la Réserve, en face du restaurant le long de la D 36, 1 137 m (45°54 N/2°86 E)

But : découvrir la Réserve naturelle de la vallée de Chaudefour ses reliefs volcaniques, ses sources, sa faune et sa flore.

Difficulté : aucune

Période(s) : toute l'année sauf période d'enneigement

Point culminant : 1 350 m

Balisage : bleu pour la cascade de la Biche. Repérage très facile

Carte : IGN Top 25 n° 2432 ET Massif du Sancy

Infos : OT du Sancy à Chambon-sur-Lac, 04 73 78 65 10

+ P'TITS PLUS +

- Visite de la Maison de la Réserve de Chaudefour, tél. 04 73 88 68 80.
- Miel et produits de la ruche chez Les Ruchers du Sancy, tél. 06 79 77 75 65.

Depuis le parking, passer devant la Maison de la Réserve, et avancer sur la large piste forestière. Après 800 m, en bordure de prairie avant un virage, une sente à gauche en aller-retour permet de s'approcher de la petite cascade de Pérouse ❶. Reprendre la piste. 400 m plus loin dans un virage à droite précédant un pont, avancer à gauche près du ruisseau pour goûter l'eau pétillante ferrugineuse de la source Sainte-Anne dans un bassin aménagé ❷. Franchir ensuite le pont et rester sur le chemin principal qui fait un virage à gauche avant de remonter. Arriver sur une grande aire dégagée offrant un magnifique panorama après un rocher explicatif en lave émaillée sur le volcanisme et l'érosion. Suivre une sente indiquée par un panneau à gauche ❸ « cascade de la Biche ». Franchir un ponton sur la Couze et s'engager sur un sentier qui s'enfonce sur la droite dans la hêtraie. Après quelques combes, parvenir au pied de la cascade.
Pour le trajet de retour, emprunter le même itinéraire.

La vallée de Chaudefour depuis le puy Ferrand.

IL S'EN EST FALLU DE PEU...

À présent protégée, la vallée a connu au début du XXe siècle un début du thermalisme à l'image des constructions du chalet Sainte-Anne, d'un grand hôtel et de quelques villas aujourd'hui disparues. Ce site remarquable constituant un répit pour la faune et la flore à l'occupation humaine aurait pu devenir une grande station comme celle de Super-Besse ou du Mont-Dore... Qui s'en plaindra ?

Distance : 6 km | Dénivelé : 195 m | Horaire : 2 h (boucle)

29. LES CASCADES DU QUEUREUILH ET DU ROSSIGNOLET

Agréable petit circuit autour des thèmes de l'eau et des volcans, à l'abri des caprices météorologiques dans la vallée de la Haute Dordogne : deux cascades très faciles d'accès à découvrir au cœur d'une hêtraie sapinière.

Au Queureuilh, laisser la D 996 pour monter la route de Prends-toi-Garde. Passer la première maison, se retourner pour admirer la vue sur le sommet du Sancy derrière l'arrivée du téléphérique éponyme. Suivre cette voie, passer un camping, et avancer jusqu'au parking du cimetière paysager ❶. Le contourner par la droite en longeant un ru. Avancer dans la hêtraie. Le chemin descend ensuite à une intersection, laisser la piste de gauche pour monter en face. La piste se rétrécit. Au carrefour suivant, descendre à gauche ❷ vers la cascade du Queureuilh. Éviter de trop s'approcher : des blocs rocheux peuvent tomber en toute saison. Pour gagner la deuxième cascade, continuer de descendre le chemin, franchir le pont, trouver une clairière, prendre à gauche puis immédiatement en contrebas à droite ❸. Rejoindre le lit de la rivière et le suivre jusqu'à la cascade du Rossignolet. Faire demi-tour jusqu'à la dernière intersection et poursuivre à droite sur la large piste qui ramène au chemin de départ. Descendre le long du cimetière paysager. Au parking du cimetière ❶, piquer à droite sur la route jusqu'au Pailloux. Passer derrière la ferme, le chemin mène à la Fougère. À la route, descendre à gauche ❹ pour récupérer la D 996. Remonter la départementale sur 500 m pour trouver le parking de départ.

La primevère élevée (Primula elatior).

Accès : prendre la D 2089 direction Mont-dore. Après le col de la Ventouse, à Randanne, tourner à gauche sur la D 983. Au Mont-Dore, obliquer à droite en épingle, direction Murat-le-Quaire. Se garer avenue de la Bourboule sur la D 996, à l'intersection du Queureuilh (47 km, 45 mn depuis Clermont)
Départ : Mont-Dore, parking avenue de la Bourboule, 990 m (45°58 N/2°80 E)
But : deux jolies petites cascades
Difficulté : aucune
Période(s) : toute l'année, attention en période de gel et de fort enneigement
Point culminant : 1 100 m
Balisage : fléchage partiel jaune, repérage très facile
Carte : IGN Top 25 n° 2432 ET Massif du Sancy
Infos : OT du Mont-Dore, 04 73 65 20 21

+ P'TITS PLUS +

• Auberge des Mancelles au Mont-Dore, cuisine maison et hébergement chaleureux, tél. 04 73 65 03 66.

Une grenouille rousse (Rana temporaria).

Land art à la cascade du Queureuilh.

Distance : **6,3 km** | Dénivelé : **175 m** | Horaire : **2 h 30 (boucle)**

30. LA CASCADE ET LE LAC DU GUÉRY

Le site du Guéry présente un concentré de ce qu'il y a de mieux dans le département : lac, volcan, cascade, forêt, faune, flore, panorama exceptionnel sur le Sancy et la chaîne des Puys. La quintessence à la portée de tous...

Depuis le parking, descendre le long de la D 80 en direction de Rochefort-Montagne. Au premier virage en épingle, laisser la route à droite et emprunter le sentier qui part dans le bois. Après 200 m, tourner à gauche et monter un chemin herbeux. Quitter ce chemin peu après pour une sente à droite ❶ qui contourne par la gauche une clairière humide. La sente s'élève ensuite à flanc dans un bosquet d'épicéas. Traverser une clairière puis remonter dans une partie boisée. Couper une piste ❷, toujours sur cette petite sente, et longer la lisière du bois. Grimper une trentaine de mètres pour suivre une clôture en bordure de plateau, au milieu des myrtilles et des callunes, surplombant la forêt. Après 900 m, intercepter un chemin plus large ❸, le suivre sur quelques mètres sur la droite et bifurquer rapidement à gauche dans une plantation d'épicéas. Traverser une piste et avancer jusqu'à une clôture. Gravir l'échelle ❹ et poursuivre à gauche sur les pontons en bois de cette zone humide. Passer la porte de la parcelle et descendre en bordure de la cascade du Guéry. Au lac, tourner à droite, monter un sentier aménagé dans une hêtraie et descendre au barrage ❺. Contourner l'hôtel et finir le tour du lac pour retrouver le parking de départ.

PROCESSUS DE CRÉATION

Le lac du Guéry est le plus haut du département. Gelé l'hiver sur plusieurs dizaines de centimètres d'épaisseur, la pêche de la truite au trou y est pratiquée pour l'ouverture de la saison, ce qui assure sa renommée. Mais ce sont ses caractéristiques géologiques qui sont les plus fascinantes : son existence résulte de la combinaison d'un barrage volcanique (coulée bordant sa partie nord) et d'un surcreusement glaciaire (dépression due au retrait des glaciers à la fin du Würm).

La cascade du Guéry.

Accès : prendre la D 2089, passer le col de la Ventouse puis tourner à gauche au lieu-dit Randanne sur la D 983 en direction du Mont-Dore. S'arrêter avant au col du Guéry (39 km, 35 mn depuis Clermont)
Départ : col du Guéry, grand parking le long de la D 983, 1 268 m (45°62 N/2°82 E)
But : la cascade et le lac du Guéry
Difficulté : faire attention au cheminement jusqu'à ❷, après, le repérage est très facile
Période(s) : du printemps à l'automne. Attention aux hivers précoces et aux périodes de brouillard.
Point culminant : 1 350 m (sur le plateau après le jalon ❷)
Balisage : aucun, bien suivre l'itinéraire
Carte : IGN Top 25 n° 2432 ET Massif du Sancy
Infos : mairie de Rochefort-Montagne, 0473658251

+ P'TITS PLUS +

• À 10 mn, visitez la basilique romane majeure d'Orcival.
Le musée du Chocolat, pâtes de fruits et autres spécialités maisons : Maison Sabatier, tél. 0473658560.
• Cap Guéry : sentier Terra Alta faune et flore. Tél. 0473652009.

Le lac du Guéry.

Modillons à copeaux et cordon à billettes sur le chevet de l'église d'Orcival.

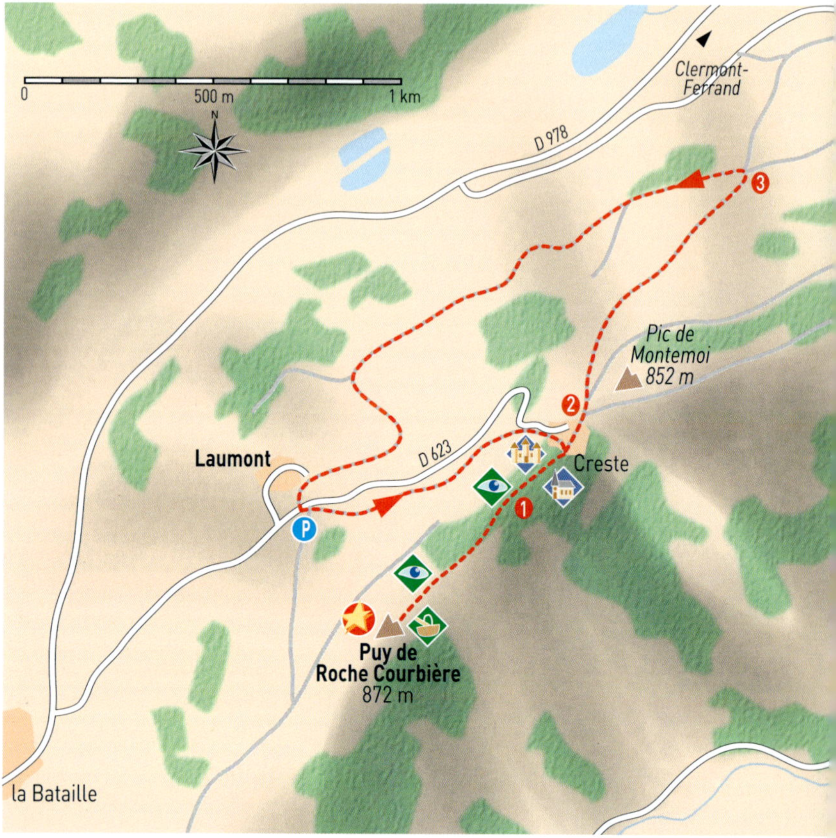

Vue sur le massif du Sancy.

Le pic de Cluzel depuis celui de Roche Courbière.

Distance : 5 km | Dénivelé : 235 m | Horaire : 2 h (boucle)

Les ruines du château de Creste.

Accès : prendre l'A 75 et la sortie 6. Passer successivement Plauzat, Champeix, Montaigut-le-Blanc (D 978). À la Bataille, obliquer à gauche sur la D 623 (42 km, 45 mn de Clermont)

Départ : parking au lieu-dit Laumont sur la D 623, 760 m (45°54 N/3°03 E)

But : le puy de Roche Courbiere (874 m), son panorama sur le Sancy, le pays des Couzes

Difficulté : aucune

Période(s) : du printemps à l'automne

Balisage : aucun mais fléchage depuis Creste pour atteindre le puy de Roche Courbière

Carte : IGN Série Bleue 2532 E Veyre-Monton

Infos : mairie de Saint-Diery, 04 73 96 30 58

+ P'TITS PLUS +

- Table de pique-nique au sommet du puy de Roche Courbière.

31. CRESTE ET LE PUY DE ROCHE COURBIÈRE

La courte distance parcourue sur ce trajet permet de prendre son temps pour savourer la richesse des distractions naturelles et culturelles des lieux : flore, avifaune, nombreux lépidoptères, ruines d'un château fort du XIIIe siècle, panorama exceptionnel, et en saison, profusion de mûres pour les gourmands !

Depuis Laumont, traverser la D 623 et tourner immédiatement à gauche dans une sente herbeuse bordée par un muret qui disparaît épisodiquement sous la végétation. La sente monte doucement pour rejoindre le village de Creste. À la route, continuer à droite et suivre le chemin fléché « parapente ». Passer au-dessus du bourg puis d'un chaos volcanique ❶. Le chemin se rétrécit en sentier ; longer le parc à moutons et atteindre une aire dégagée (aménagée d'une table à pique-nique) d'où les parapentes peuvent décoller. Profiter du panorama exceptionnel puis faire demi-tour jusqu'au village de Creste. Chercher la grotte ! Monter à la chapelle, la laisser à droite pour accéder aux ruines du château. Redescendre prudemment et récupérer la ruelle qui passe entre les maisons en direction du pic de Montemoi. À la croix ❷ descendre à gauche la large piste caillouteuse bordée de frênes et de chênes entre les prés. Après 850 m, à une intersection, prendre à gauche en laissant un poste électrique sur la droite ❸. Le chemin reste sur les courbes de niveaux sur plus d'un kilomètre entre les pâtures. Suivre le chemin, tourner deux fois successivement à angle droit et rejoindre Laumont.

UN JOLI COIN...

Le puy de Roche Courbière jouit d'un bel ensoleillement et le rocher offre des thermiques pas seulement utilisés par les parapentistes, mais par les vols circulaires ascendants des bondrées apivores (sosies des buses se nourrissant d'abeilles et de guêpes), milans noirs et royaux, et circaètes jean-le-blanc… Les nombreuses influences climatiques permettent également l'observation d'une biodiversité végétale propice à l'installation de nombreux papillons. Le promeneur comprendra aisément, avec un tel panorama, la volonté des hommes d'installer une forteresse en ces lieux…

Distance : 7,5 km | Dénivelé : 300 m | Horaire : 2h45 (boucle)

32. LE TRA DE MURAT-LE-QUAIRE

Face au puy de Sancy et dominant la vallée de la Haute Dordogne, cet itinéraire plaisant et facile mène à la découverte d'un tra, abri originel des fromagers de montagne. Cette reconstitution effectuée par des passionnés de l'association Auvergnattitude, avec l'aide de la DRAC, donne à Murat-le-Quaire des allures ancestrales de paysages aujourd'hui disparus.

Depuis le parking, traverser la route de la Paillère-Basse et contourner le plan d'eau dans le sens horaire jusqu'à la berge opposée. Prendre le premier chemin entre les genêts pour traverser une forêt clairsemée. Après 300 m, longer un ru bordant le bas d'un pré. À la remise ❶, s'engager à gauche, puis monter à droite sur 100 m. À l'intersection, tourner à gauche pour traverser une grande piste forestière. Grimper par un sentier jusqu'au sortir de la forêt, puis passer devant le tra (s'arrêter pour la visite) et longer une clôture. À la route ❷, l'emprunter à droite sur 700 m (attention aux voitures). À un embranchement route-chemin à la lisière de la forêt ❸, récupérer à droite un chemin herbeux descendant sur une piste caillouteuse. Après 200 m, repiquer à gauche en épingle. Longer la forêt, descendre à gauche pour traverser la route et suivre un chemin en contrebas de celle-ci sur 600 m. Bifurquer en épingle à droite ❹, descendre jusqu'à la Gacherie. À la route, prendre à droite, puis à 200 m ❺, remonter à droite un chemin sur 700 m pour atteindre les chalets de Murat. Suivre le chemin goudronné. Après un virage à droite, tourner à gauche à l'intersection en T, puis à droite pour récupérer la route principale et le chalet de la Banne. Longer la D 609 en bordure de la forêt sur 1 km, jusqu'au plan d'eau et au parking de départ.

Chantier de reconstruction d'un tra.

Accès : par la D 2089, suivre Rochefort-Montagne, puis Laqueuille (D 922). Traverser Murat-le-Quaire en direction de la Banne d'Ordanche et du plan d'eau par la D 609 (45 km, 50 mn de Clermont).
Départ : parking entre le gîte de la Cabanne et l'étang de Murat-le-Quaire, 1 080 m (45°60 N/2°73 E)
But : le tra reconstruit comme autrefois
Difficulté : aucune
Période(s) : toute l'année sauf en cas de neige et de gel
Point culminant : 1 315 m
Balisage : aucun, mais repérage facile et fléchage
Carte : IGN Top 25 n° 2432 ET massif du Sancy
Infos : OT de Murat-le-Quaire, 04 73 65 53 13

+ P'TITS PLUS +

• À Murat-le-Quaire, Murielle vous accueille de mars à octobre dans sa chèvrerie. Visites animées et participatives (nourrissage, traite, brossage, dégustation...) : tél. 04 73 81 18 02, www.chevreriedesmontsdore.com

LE MYSTÈRE DES TRAS

Les « tras » intriguent les archéologues. Ces alignements de 8 à 20 « cases » accolées, munies d'un couloir chacune, donnent l'apparence de « peigne ». Courants du Sancy au Cézallier, plus rares dans les Dômes et le Forez, ces petits édifices (il en existe des centaines) sont souvent groupés sur la même montagne, de 1 100 à 1 300 m d'altitude. Partiellement détruits ou disparus pour certains, des tras furent fouillés et les hypothèses nombreuses : huttes de charbonniers, refuges lors d'invasions barbares, habitats préhistoriques... Assurément, ils datent de la période moderne (XV-XVIIIe s.) et sont très probablement liés à l'estive bovine. Mais la fonction exacte des « cases » et la raison de leur grand nombre demeurent un mystère...

Le chalet de la Banne à Murat-le-Quaire.

Le tra et l'étang de Murat-le-Quaire.

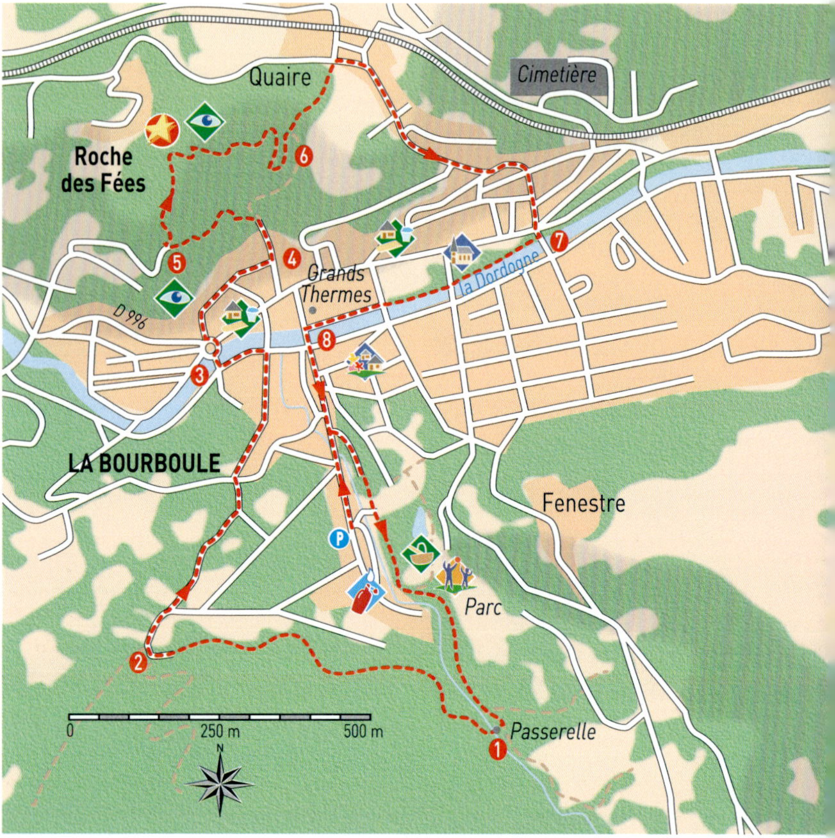

La Bourboule, cité thermale.

Marmotte (Marmota marmota).

Le parc Fenestre à La Bourboule.

Distance : 4,5 km | Dénivelé : 150 m | Horaire : 1 h 45 (boucle)

33. LA ROCHE DES FÉES

Voici un original « city-trek nature » au cœur du massif du Sancy, au parfum du thermalisme d'autrefois. Alors que l'environnement laisse suggérer une ambiance de type village montagnard, La Bourboule révèle son prestigieux passé d'étonnante cité d'architecture thermale digne des plus beaux quartiers de Paris !

Du parking (av. Agis-Ledru), récupérer à l'angle de la rue Thénard, avant la mairie, l'entrée du parc Fenestre. Suivre le balisage « trail » rouge, jaune et violet jusqu'au pont et franchir le ruisseau de Vendeix ❶ (abandonner le rouge et le violet pour le « trail » jaune). Serpenter au-dessus du ruisseau puis de quelques habitations en lisière de forêt. Atteindre une intersection devant une structure d'accueil (Tzanou) ❷, ignorer le chemin à gauche et descendre la rue Vercingétorix. Au croisement du chemin de la Suchère, aller en face rue du Docteur-Château. Longer à gauche la Dordogne par le quai Maréchal-Fayolle, puis la franchir à droite ❸, traverser le rond-point et emprunter la rue Louis-Choussy. À l'intersection en T rue Sedaiges, tourner à gauche ❹ et grimper les marches pour trouver un chemin. Obliquer à gauche au premier croisement. Après quelques virages, longer un miroir de faille à droite dans la roche et gagner une petite place au-dessus d'une maison jaune. À gauche, un escalier taillé dans la roche offre un aller-retour sur un beau point de vue ❺. Ensuite, grimper dans la forêt jusqu'à un petit sommet rocailleux cerné par les genêts, la roche des Fées, descendre les marches et bifurquer à gauche à travers des landes à fougères et quelques arbres épars. Au carrefour, suivre à gauche ❻ le chemin avec à droite un grand pré. À Quaire, tourner à droite au lavoir et emprunter la rue de Quaire jusqu'au bout. Au rond-point ❼, tourner à droite, passer entre l'église et la Dordogne, longer l'établissement des thermes et franchir le cours d'eau à gauche ❽ (av. Agis-Ledru). Plus loin, retrouver le parking de départ.

Accès : aller à Rochefort-Montagne (D 2089), puis à Laqueuille (D 922) et par la D 219 et D 88 jusqu'à La Bourboule (50 km, 50 mn de Clermont).
Départ : parking à La Bourboule, avenue Agis-Ledru, entre la mairie et la caserne des pompiers, 860 m (45°58 N/2°73 E)
But : la roche des Fées
Difficulté : aucune
Période(s) : toute l'année, mais à éviter en période d'enneigement et de gel.
Point culminant : 930 m
Balisage : de trail, puis partiellement jaune sur la roche des Fées, ailleurs repérage facile.
Carte : IGN Top 25 n° 2432 ET massif du Sancy
Infos : OT de La Bourboule, 0473655771

+ P'TITS PLUS +

- À La Bourboule :
– ne manquez pas le parc Fenestre, pour les enfants ou pour les grands, toboggans géants et bel arboretum
– restaurant L'Amuse-Bouche, Jacques et Lucie, tél. 0473216885.

LA BOURBOULE

La toponymie de La Bourboule proviendrait de *Borvo*, dieu gaulois des « sources bouillonnantes ». Pour construire la ville, il a fallu canaliser le lit de la Dordogne qui, au milieu du XIXe siècle, s'étendait encore dans toute la largeur de la vallée. L'appellation « roche des Fées » résulte de l'origine magique de la présence de sources guérisseuses. Les gaz sulfurés et l'arsenic métalloïde soignent l'asthme et les dermatoses. L'architecture est spectaculaire. Deux établissements thermaux, plusieurs casinos (la mairie en fut un), d'imposants immeubles et anciens hôtels aux noms évocateurs témoignent du régulier passage d'une aristocratie européenne fortunée.

Distance : 11 km | Dénivelé : 365 m | Horaire : 4 h (boucle)

Croix à Rentières.

34. LE PAYS D'ARDES ET LE PLATEAU DE RENTIÈRES

Aux portes du Cézallier, un dépaysement complet à vous ébahir sur des chemins peu fréquentés.

Depuis le monument aux morts, franchir la D 23 et suivre « l'Esplantade ». Traverser le hameau et laisser un chemin qui monte à gauche, puis avancer en s'élevant à flanc sur un bon kilomètre jusqu'à un chemin ❶ qui descend sous Champ Mazel. Gagner la route (D 142), la suivre sur la gauche et repiquer à droite jusqu'au ruisseau du Pont du Renard ❷. Remonter sur Chausse-Bas et rejoindre la D 23. Bifurquer à gauche avant Chausse-Haut ❸, passer devant quelques maisons et contourner une grande parcelle cultivée qui borde le plateau. Laisser plusieurs chemins à droite ; marcher jusqu'à Rentières où un fléchage ❹ indique à gauche en aller-retour un point de vue sur la vallée et les falaises de Rentières. Revenir ensuite sur la route principale du village (D 23e), dépasser les maisons et grimper à droite une large piste bordée d'arbres entre des prés. Le chemin tourne ensuite à droite dans la forêt puis monte vers un carrefour ❺. Descendre à droite et retrouver le monument aux morts du point de départ.

Accès : emprunter l'A 75, et après Issoire, la sortie 17. Suivre Ardes-sur-Couze (D 214). À Ardes, prendre la D 23 direction Rentières (65 km, 55 mn de Clermont)
Départ : monument aux morts de Rentières, intersection de la D 23 et D 23e, 745 m (45°42 N/3°10 E)
But : les portes du Cézallier
Difficulté : quelques montées
Période(s) : du printemps à l'automne
Point culminant : 867 m (au carrefour ❺)
Balisage : partiellement vert, repérage facile
Carte : IGN Série Bleue 2533 E Ardes
Infos : mairie de Rentières, 04 73 71 43 82

+ P'TITS PLUS +

• À voir : sur 25 ha au-dessus de la commune d'Ardes, le parc animalier du Cézallier, tél. 04 73 71 82 86.

Pâtures ovines entre Ardes et Rentièr

UN PASSÉ PRESTIGIEUX

Déserté pendant près d'un siècle en raison du déclin d'une agriculture difficile de moyenne montagne et d'un isolement manifeste, le canton d'Ardes semble aujourd'hui retrouver un attrait par la qualité de vie de son cadre exceptionnel. Les vestiges de châteaux et de maisons bourgeoises témoignent d'un passé prestigieux que le tourisme vert arrivera, espérons-le, à faire revivre.

Rentières dominant les gorges de la Couze.

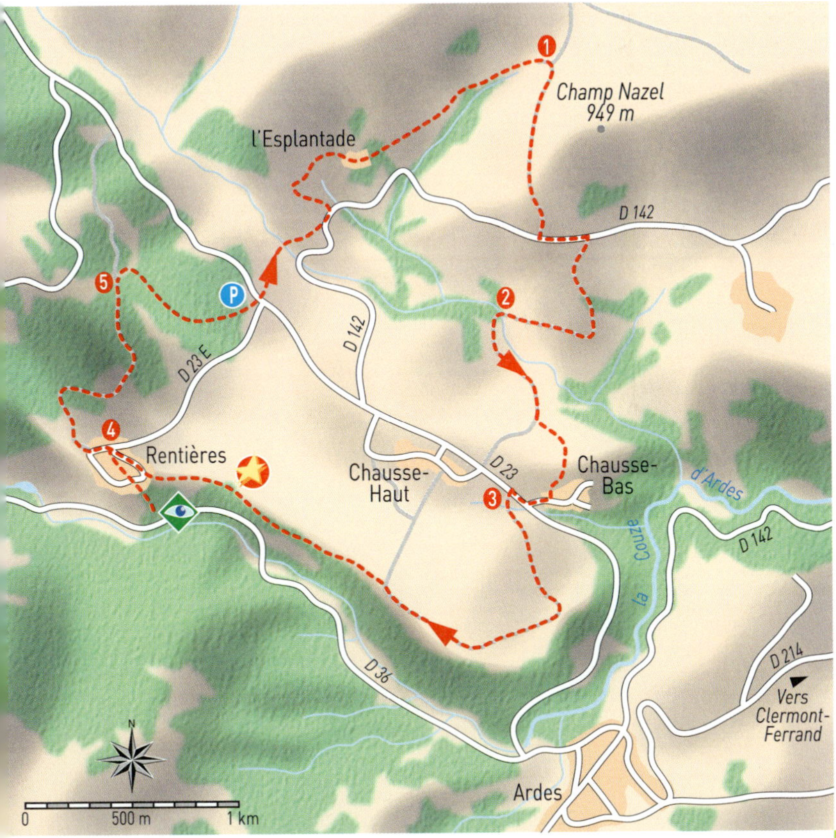

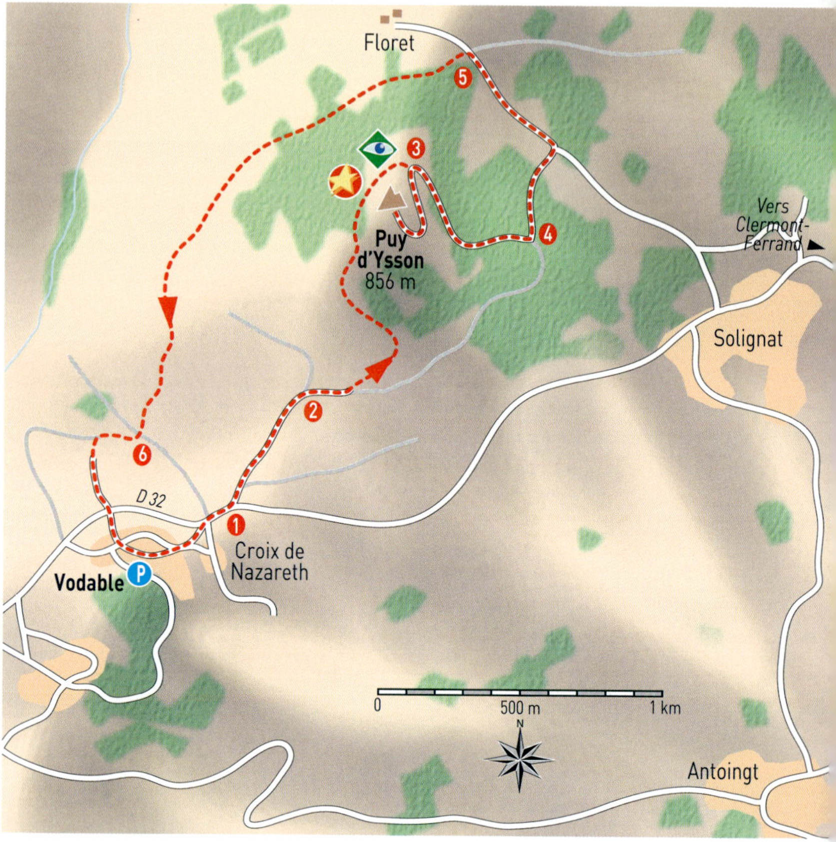

La butte de Vodable.

Distance : 6,5 km | Dénivelé : 205 m | Horaire : 2 h 30 (boucle)

35. VODABLE ET LE PUY D'YSSON

Des vaches salers et croisées charolaises.

Venez découvrir ce petit tour agréable aux portes du Dauphiné d'Auvergne, loin des sentiers fréquentés, dans des paysages de campagne où le regard devient contemplatif et l'esprit reposé.

Descendre la rue de l'église puis la rue des Remparts. Longer la D 32 (faire attention !) et prendre en face du chemin de Nazareth la piste bordée d'arbres ❶ (deuxième chemin à gauche). Avancer vers le puy d'Ysson et à la fourche, s'orienter à droite ❷. Contourner le lopin de terre cultivé. Au pied du puy d'Ysson, traverser une zone à végétation arbustive et grimper à la table d'orientation. Redescendre ensuite à l'intersection sous le sommet ❸ et poursuivre sur le versant est du puy. Dans un virage, s'engager à gauche dans une sente dans la pente ❹ et gagner une large piste dans une intersection en T, entre prés et bosquets : la suivre à gauche. Au croisement suivant, laisser une ferme en face ❺ et prendre à gauche dans une allée bordée d'arbres sur le flanc nord. Continuer sur près d'1 km avant de rejoindre une aire plus dégagée. Après un bosquet, emprunter la deuxième à droite face à une terre agricole ❻ puis immédiatement à gauche sur une large piste. Retrouver la D 32 et le village de Vodable.

Accès : prendre l'A 75 et la sortie 14. Traverser Issoire puis emprunter la D 32 jusqu'à Vodable (51 km, 45 mn de Clermont)
Départ : place du Marchidial, près de l'église Saint-Georges, 710 m (45°50 N/3°14 E)
But : le puy d'Ysson
Difficulté : la montée du puy d'Ysson
Période(s) : toute l'année, éviter les périodes de neige et de gel, attention à l'automne en période de chasse.
Point culminant : 856 m au puy d'Ysson
Balisage : fléchage ; jaune et rouge ; tête de moutons !
Carte : IGN Série Bleue 2533 E Ardes
Infos : mairie de Vodable, 04 73 71 45 65

+ P'TITS PLUS +

- Marché de producteurs locaux tous les mercredis place du Marchidial, l'après-midi.
- Ne pas manquer la visite du château de Villeneuve-Lembron, tél. 04 73 96 41 64.

Le puy d'Ysson.

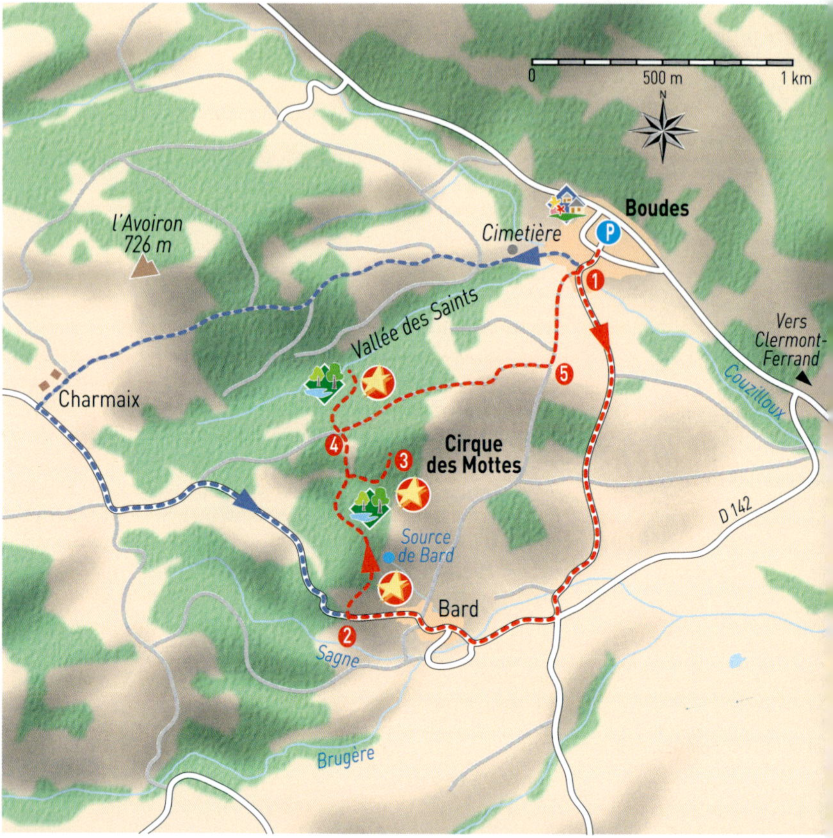

Le cirque des Mottes.

La source de Bard.

Distance : 5,7 km | Dénivelé : 170 m | Horaire : 2 h 15 (boucle)

Argiles bariolées près du cirque des Mottes.

Accès : prendre l'A 75, puis la sortie 15 direction Saint-Germain-Lembron (D 909). Dans le village, tourner à droite sur la D 48 jusqu'à Boudes (52 km, 50 mn depuis Clermont)
Départ : parking devant la mairie de Boudes, 462 m (45°45 N/3°18 E)
But : la source de Bard, la vallée des Saints et le cirque des Mottes
Difficulté : quelques montées, très courtes
Période(s) : toute l'année
Point culminant : 550 m (au ❹, entre le cirque des Mottes et la vallée des Saints), 640 m (à la ferme de Charmaix pour la variante)
Balisage : partiel jaune après Bard, repérage facile
Carte : IGN Série Bleue 2433 E Ardes
Infos : mairie de Boudes, 0473965079

+ P'TITS PLUS +

• Le Boudes la Vigne : restaurant gastronomique à la cuisine subtile, tél. 0473965566.

36. LA SOURCE DE BARD, LA VALLÉE DES SAINTS ET LE CIRQUE DES MOTTES

Surnommés le « Colorado auvergnat » par leur nature caractéristique, le cirque des Mottes et la vallée des Saints jouissent d'un microclimat exceptionnel où s'épanouit une flore que l'on ne retrouve qu'en terres méditerranéennes…

Laisser la mairie derrière soi et passer devant l'église. Tourner successivement à droite puis à gauche pour franchir le cours du Couzilloux ❶. Emprunter à gauche la rue du Theur et quitter Boudes pour Bard. Après 1,8 km le long de parcelles cultivées et de prés, atteindre Bard. Emprunter le chemin de Coustoune sur 250 m et bifurquer à droite ❷ vers la source de Bard. Poursuivre sous de petits chênes vers le cirque des Mottes ❸, puis la vallée des Saints par le sentier aménagé ❹ en aller-retour. Avancer sur une piste, au carrefour, près des vignes ❺, descendre et retrouver le village de Boudes.

Variante : au départ, après avoir franchi le Couzilloux, tourner à droite, passer devant le cimetière. Prendre ensuite le chemin qui rejoint la ferme de Charmaix entre l'Avoiron et la vallée des Saints. Suivre ensuite la direction de Bard, bifurquer à gauche juste avant l'entrée du hameau ❷ et finir comme décrit ci-dessus (1,7 km de plus, 40 mn).

LA SOURCE DE BARD

Elle fut redécouverte en 1882 par un aïeul du propriétaire actuel ainsi que 87 pièces de monnaie romaine en bronze dans la vasque aux effigies des empereurs du Ier au IIIe siècle après J.-C. Une tentative d'exploitation de cette eau minérale ferrugineuse et carbogazeuse échoua en 1903. La vasque a une profondeur de 80 cm et le débit est d'environ 50 cl par minute. L'eau salée de cette source a permis le développement de plantes halophiles comme le pissenlit de Bessarabie, le glaux maritime, et le jonc de Gérard.

Distance : **7,6 km** | Dénivelé : **125 m** | Horaire : **2h30 (boucle)**

37. LE BOIS DE LA COMTÉ

1500 hectares de bois : arbres géants, rais de lumière à travers les feuilles, écureuils courant sur les branches, oiseaux gazouillants, petit plan d'eau pour les batraciens, la forêt de la Comté est pleine de vie !

Suivre la piste forestière, à la fourche s'engager à gauche ❶ et tourner autour du pic des Fleurides. Après un virage à gauche, intercepter une piste ❷ et la suivre jusqu'à une fourche. De ce point, prendre à gauche ❸ et atteindre la D 225. Faire attention pour la traverser et récupérer une piste légèrement décalée à droite. Franchir le pont de la Pendue et suivre la piste qui tourne à droite. À l'intersection suivante, obliquer à gauche ❹, puis 400 m après, s'orienter à droite. Dépasser un croisement et au deuxième, bifurquer à gauche ❺. Arriver en lisière de forêt, repiquer à gauche, contourner le pic de Garagnon par la droite ❻. Obliquer à gauche puis après 150 m à gauche, bifurquer deux fois à droite ❼. Gagner un étang. Contourner par la gauche l'étendue d'eau, et à droite, retrouver le parking de départ.

Le chêne omniprésent dans la Comté

Accès : prendre l'A 75, puis la sortie 7. Suivre Vic-le-Comte, le dépasser et continuer sur la D 225 (37 km, 35 mn depuis Clermont)
Départ : sur la D 225, 230 m avant la maison forestière de la Comté, 640 m (45°63 N/3°30 E)
But : la forêt de la Comté
Difficulté : quelques montées
Point culminant : 700 m
Balisage : partiel bleu, rouge, verSaison : toute l'année
Carte : IGN Série Bleue 2632 O Issoire
Infos : mairie de Vic-le-Comte, 04 73 69 02 12

+ P'TITS PLUS +

• Visitez la maison des Espaces naturels dans le bois de la Comté sur la D 225 entre Vic-le-Comte et Sallèdes. Tél. 04 73 36 39 79.

LE GEAI DES CHÊNES

Farouche, le geai des chênes se laisse difficilement approcher ; 50 % de son alimentation est constituée de glands ; il en enfouit des quantités impressionnantes pour ne pas manquer l'hiver, participant ainsi activement, tel l'écureuil, au renouvellement forestier. Il laisse les fourmis le déparasiter puis se baigne et lisse ses plumes. Le geai n'est pas le seul à avoir une activité sylvicole, les pics évitent la prolifération des insectes xylophages protégeant ainsi naturellement la forêt.

e geai des chênes (Garrulus glandarius).

Le bois de la Comté.

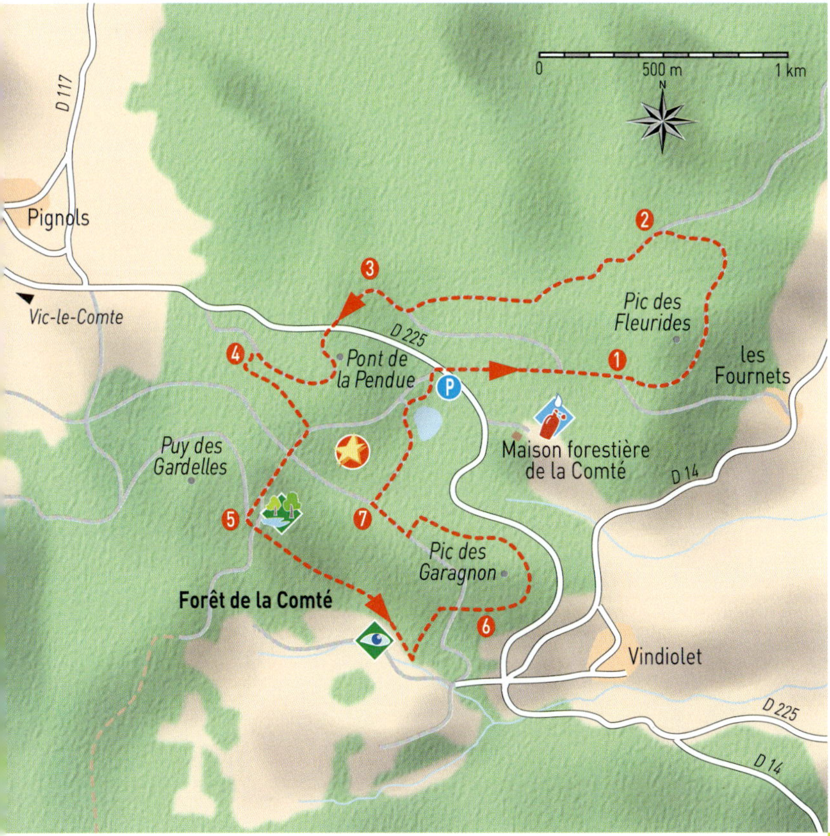

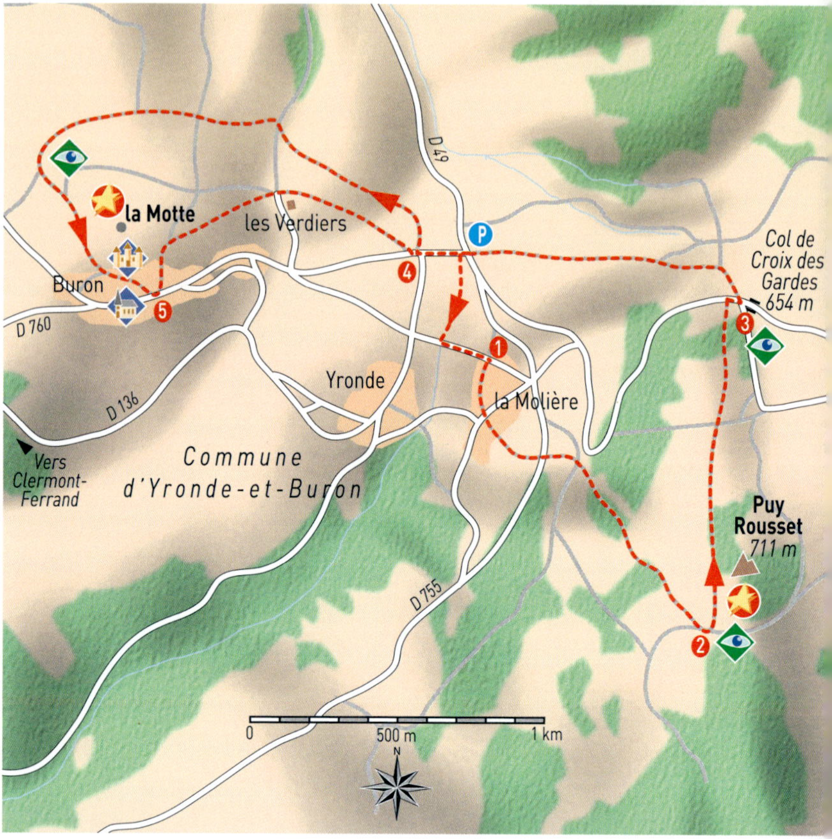

La forteresse de Buron.

Entre Yronde et le col de la Croix des Gardes.

Distance : 7,5 km | Dénivelé : 215 m | Horaire : 3 h (boucle)

38. YRONDE ET BURON

Fresque de la légende de Buron.

Accès : prendre l'A 75, puis la sortie 7, traverser Coudes et par la D 136, suivre Yronde-et-Buron (31 km, 25 mn de Clermont)
Départ : parking au croisement de la D 49 et de la D 136, 575 m (45°61 N/3°25 E)
But : puy Rousset et tour de la motte de Buron
Difficulté : quelques montées
Période(s) : toute l'année sauf en période de fort gel
Point culminant : 688 m (au ❷, point sud-ouest du puy Rousset)
Balisage : partiel jaune, repérage facile
Carte : IGN Série Bleue 2632 O Issoire
Infos : mairie d'Yronde et Buron, 0473690202

+ P'TITS PLUS +

- Bassin ludique avec rivière à courant, banc d'hydromassage et espace détente à Longues, tél. 0473706699.
- À Buron : visite de l'église, admirez au plafond la légende peinte et contée de Robert Buron dit Le Garou.

À deux pas des 1 500 hectares de la forêt de la Comté et de sa richesse faunistique, cette balade permet une découverte historique et géologique sur les coteaux secs d'Yronde-et-Buron. Beaux points de vue sur la chaîne des Puys et le massif du Sancy.

Descendre vers la Molière par la rue du Comparu et tourner à gauche rue du Parredon. Aux meules empilées ❶, bifurquer à droite rue des Foussats et monter la rue des Châtaigniers en laissant une croix derrière soi. Franchir la D 755 et grimper vers le puy Rousset. Au carrefour des chemins ❷, obliquer à gauche vers l'antenne, longer une carrière abandonnée et avancer jusqu'à la D 49. Passer devant la croix des Gardes au col éponyme ❸ puis descendre un chemin herbeux vers Yronde. Virer à droite au croisement de la D 136 et de la D 760 en face du Christ sur la croix ❹ et contourner les Verdiers. Faire le tour de la motte de Buron le long des prés. Passer sous les ruines du château et gagner l'église ❺. Emprunter la rue de la Motte puis la rue de Locha, retrouver les Verdiers et le parking du départ.

LA LÉGENDE DE BURON

Le château de Buron fut construit sur un neck basaltique (cheminée volcanique dégagée par l'érosion) au XIIIe siècle. Les sires de Buron sont connus pour avoir semé la terreur aux alentours. Pillant un monastère, Robert Buron, surnommé « le Garou », poussa le blasphème à ripailler sur les lieux après avoir massacré les religieux. À ce moment, la foudre éclata et, tourmenté par une voix divine, Robert, pris de folie, disparu en hurlant sur son cheval noir. Le lendemain, le château était en ruine… Parfois encore de sinistres voix se font entendre ainsi que le galop violent d'un cavalier invisible…

Distance : 8,5 km | Dénivelé : 370 m | Horaire : 3 h 45 (boucle)

39. AUTOUR DU PUY SAINT-ROMAIN

Point culminant du bord de la Limagne avec ses 781 mètres, le puy Saint-Romain domine les magnifiques patrimoines bâtis des villages vignerons de Saint-Maurice et de Lissac. Le site bénéficie de mesure de préservation pour sa flore et son avifaune exceptionnelles.

Laisser le monument aux morts à droite pour monter rue du Saint-Romain et passer devant le lavoir sur la place de la Mairie. À la fourche de la sortie du village, prendre à gauche ❶. À la croix vieille de Pradeix ❷, suivre à gauche, puis bifurquer encore à gauche dans un coude pour atteindre le sommet du puy Saint-Romain. En redescendre, revenir au coude du dernier virage, traverser le pré jusqu'à la zone boisée ❸ et emprunter le sentier nord vers Busséol. À une intersection en T ❹, suivre à droite une large piste jusqu'au village. À l'entrée de Busséol, prendre le chemin le plus à droite de la croix pour contourner le bourg par le chemin des Combes. Après le village, continuer tout droit entre les cultures et laisser la route à gauche qui rejoint la D 4 ❺. Rester sur cette piste principale, passer près de la carrière du puy Redon ❻ et retrouver à l'entrée de Saint-Maurice la fourche de départ ❶ puis le parking.

Le puy Saint-Romain.

Accès : prendre l'A 75, puis la sortie 6 pour suivre Authezat (D 797), passer Longues par la D 96 jusqu'à Saint-Maurice par la D 1 et la D 758 (29 km, 25 mn de Clermont)
Départ : parking sur la place principale de Saint-Maurice devant le monument aux morts, 470 m (45°67 N/3°23 E)
But : le puy de Saint-Romain et ses coteaux secs
Difficulté : l'ascension du puy Saint-Romain
Période(s) : toute l'année, éviter les périodes de neige et de gel
Point culminant : 781 m au puy
Balisage : bleu puis jaune
Carte : IGN Série Bleue 2632 O Issoire
Infos : mairie de Saint-Maurice-les-Allier, 0473690277

+ P'TITS PLUS +

- Visite du château de Busséol, tél. 0473690084.

À SAVOIR

Les coteaux du puy Saint-Romain abritent une flore rare où viennent pondre de nombreux lépidoptères, mais également un grand nombre d'espèces d'oiseaux (insectivores, rapaces…), ce qui a permis au site d'obtenir un classement Natura 2000. Le lieu révèle également une richesse historique par la présence d'un sarcophage vers le sommet du puy, une chapelle associée à un prieuré dépendant de la Chaise-Dieu, ainsi que des traces d'habitats encore plus anciens. Le château de Busséol, récemment restauré par ses propriétaires, a été construit sur un castrum gallo-romain du IIe siècle, période à laquelle la plupart des sources environnantes étaient exploitées.

'e château de Busséol.

Le lavoir à Saint-Maurice.

Distance : 6,7 km | Dénivelé : - de 50 m | Horaire : 2 h 15 (boucle)

40. LE CHEIX ET LA MORGE

Ce paisible itinéraire offre un nouveau regard sur la Limagne, entre le Cheix-sur-Morge et la Moutade, avec panorama sur la chaîne des Puys. C'est un circuit idéal en famille avec quelques anecdotes historiques et cinématographiques à découvrir sur le Cheix.

Depuis l'église du Cheix, emprunter la rue des Jardins puis tourner à droite au chemin des Clos. Sortir du village par un large chemin offrant un panorama sur la chaîne des Puys ❶. À 500 m, obliquer à droite, traverser la N 9 (faire attention) et emprunter le chemin en face qui vire à droite. Prendre le petit pont romain qui enjambe la Morge ❷, traverser la ripisylve puis bifurquer à gauche. Garder la forêt sur 200 m à gauche puis tourner à droite (nord) dans le champ pour longer la forêt cette fois-ci sur la droite pendant plus d'un kilomètre. À la route (D 122), prendre à gauche et entrer dans la Moutade. Obliquer à droite rue des Charmettes. À l'intersection en T, s'orienter à droite ❸, puis revenir sur la D 122. Traverser le pont routier sur la Morge à gauche. Emprunter la route sur 400 m. À l'entrée du Cheix, s'engager à droite chemin des Acacias. Longer une allée de noyers, prendre deux fois à gauche, puis à droite. Rejoindre la D 2009, la traverser ❹, puis tourner immédiatement à droite derrière le cimetière et revenir vers le parking de l'église.

Stèle à la mémoire de Fernand Rayna

Accès : prendre la direction de Riom, puis la N 9 (D 2009) direction Aigueperse. 7 km après Riom, entrer dans le Cheix-sur-Morge (20 mn de Clermont)
Départ : le Cheix-sur-Morge, parking en entrant à droite de l'église, 334 m (45°95 N/3°17 E)
But : le Cheix et ses environs
Difficulté : aucune
Période(s) : toute l'année. Attention à l'automne en période de chasse…
Point culminant : 353 m (carrefour de la croix Saint-Joseph, près de la D 2009)
Balisage : aucun mais le repérage est facile
Carte : IGN Série Bleue 2530 E Aigueperse
Infos : mairie du Cheix-sur-Morge, 09 75 81 44 77

+ P'TITS PLUS +

- Le pain de la boulangerie du Cheix est excellent et elle est ouverte le dimanche matin !

À SAVOIR

Le joli pont romain de Cheix a servi de décor en juillet 1969 au film *L'enfant sauvage* de Françoi Truffaut.
Tristement célèbre par la plaque commémorative qui y est apposée, le cimetière rappelle l'acciden automobile mortel du comique Fernand Raynaud le 28 septembre 1973 à cet endroit alors qu'il se rendait à Lyon pour un dernier gala au profit d'ouvriers.

Le pont sur la Morge.

En longeant les champs vers la Moutade.

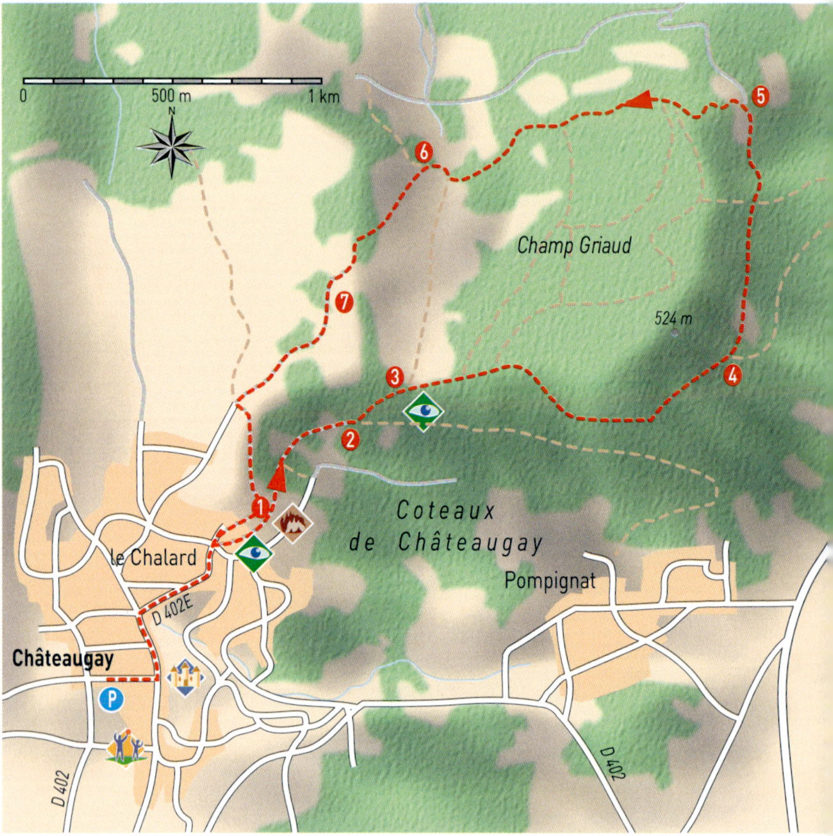

Châteaugay.

Gargouille du château, détail.

Cépage gamay.

Accès : prendre la D 943, traverser Durtol et gagner Châteaugay (10 km, 5 mn depuis Clermont)
Départ : grand parking de la mairie de Châteaugay, 495 m (45°85 N/3°08 E)
But : les coteaux de Châteaugay
Difficulté : les montées sont rares et courtes
Période(s) : toute l'année
Point culminant : 520 m (près du stade, au jalon ❼)
Balisage : aucun mais repérage facile
Carte : IGN Série Bleue 2531 E Clermont-Ferrand
Infos : mairie de Châteaugay, 04 73 87 24 35

+ P'TITS PLUS +

• Au cœur même du château, L'Auberge du Château, repas médiévaux, vin à emporter, tél. 04 73 87 24 40.

Distance : 7,2 km | Dénivelé : 90 m | Horaire : 2 h 30 (boucle)

41. LES COTEAUX DE CHÂTEAUGAY

Malgré une proximité résidentielle de la capitale auvergnate, Châteaugay a gardé son aspect rural par ses chemins et sa culture de la vigne à l'instar de son château au donjon carré du XIVe siècle parfaitement conservé.

Avancer vers la place François-Rougeyron près de l'enceinte fortifiée et tourner à gauche dans la rue bordant le donjon. Passer sous la porte, suivre la rue Étienne-Clémentel et obliquer vers la droite rue du Pont-de-l'Étang. Continuer vers le Chalard, jusqu'à une place herbeuse dégagée munie d'une table d'orientation ❶. Descendre vers les caves creusées, les laisser sur la gauche et s'engager sur le chemin dans les vignes. Après un virage à droite, bifurquer à gauche à la fourche ❷ pour ne pas descendre. À l'angle d'une vigne, ignorer la piste principale pour partir à droite vers une zone boisée ❸. Suivre cette lisière puis s'orienter à droite dans le couvert végétal, passer une parcelle dans une clairière, et prendre à gauche à flanc à la fourche suivante entre deux vignes ❹. Aux maisons, monter à gauche ❺, et s'élever sur la bordure nord du plateau dans une partie boisée jusqu'à une piste dans un virage ❻. Rejoindre les terrains de sport ❼. Aux premières maisons, prendre à gauche et retrouver la table d'orientation de Châteaugay ❶.

LE GAMAY À JUS BLANC

C'est le cépage traditionnellement travaillé dans le secteur de Châteaugay. Il permet d'obtenir, contrairement à ce que son nom indique, un vin rouge par macération pendant sa vinification avec son enveloppe qui lui donnera sa couleur. On trouve également d'autres cépages comme le pinot noir pour les vins rouges et le chardonay pour les blancs.

Distance : 6,7 km | Dénivelé : 285 m | Horaire : 2h30 (boucle)

42. MONTROGNON

À deux pas de la capitale auvergnate, dominés par le vestige d'une tour du XIIIe siècle, les coteaux secs de la butte de Montrognon restent un havre de paix préservé pour la flore et la faune dans une belle diversité des milieux que sont prairies, buissons, petits couverts forestiers, éboulis, et cultures.

Du cimetière, traverser le boulevard du Chauffour (D 21) et monter rue de Chomontel. À 400 m dans un léger virage à droite, laisser la rue bitumée pour une piste carrossable à droite ❶ qui surplombe des habitations. Suivre cette piste qui fait le tour de la croix de Chomontel ; une petite sente en aller-retour rapide permet de profiter du paysage depuis la croix. Arrivé à une intersection en T, continuer à droite sur un large chemin caillouteux qui contourne un champ. Passer le réservoir ❷, le chemin bordé d'arbustes se rétrécit. À la fourche suivante, prendre la sente de droite. Après un petit raidillon, tourner à droite à l'intersection pour un chemin plus confortable bordant des prairies. Rejoindre un quartier résidentiel et monter le trottoir immédiatement à gauche de l'avenue de Fontimbert. Au rond-point terminal, emprunter le chemin bitumé entre l'éboulis et les maisons derrière le bosquet, franchir la barrière et grimper le raidillon à gauche ❸ en longeant la clôture après le réservoir. Prendre à gauche entre les pins et atteindre la tour de Montrognon. Profiter du point de vue et redescendre par le même itinéraire jusqu'au dernier pin pour obliquer sur la sente de gauche. Rattraper la clôture pour une étroite sente descendante entre des buissons. Après quelques cerisiers et noyers, rejoindre une rue. La suivre sur la gauche, puis la quitter après 400 m pour un chemin herbeux à gauche ❹ qui s'élève au-dessus des maisons. Passer sous une vigne abandonnée, tourner à droite à l'intersection suivante pour descendre la rue des Montants ; retrouver le cimetière en bas à gauche.

Les vestiges de la tour de Montrognon.

Accès : par la D 2089, prendre la direction de Beaumont et aller jusqu'à Romagnat. Par la D 21, s'engager direction Clémensat et se rendre au cimetière de Romagnat (7 km, 10 mn depuis Clermont)
Départ : parking devant le cimetière de Romagnat, 468 m (45°73 N/3°09 E)
But : tour et ascension de la butte de Montrognon, ancienne butte volcanique de limagne
Difficulté : quelques petits raidillons très courts
Période(s) : toute l'année sauf période de neige et de gel
Point culminant : 699 m, tour de Montrognon
Balisage : aucun, la navigation est facile
Carte : IGN Série Bleue 2531 E Clermont-Ferrand
Infos : mairie de Romagnat : 0473627999

+ P'TITS PLUS +

• Découvrir le nordic walking encadré par un accompagnateur diplômé avec Auvergnattitude, tél. 0673616470.

Le bassin clermontois.

Autour de Montrognon.

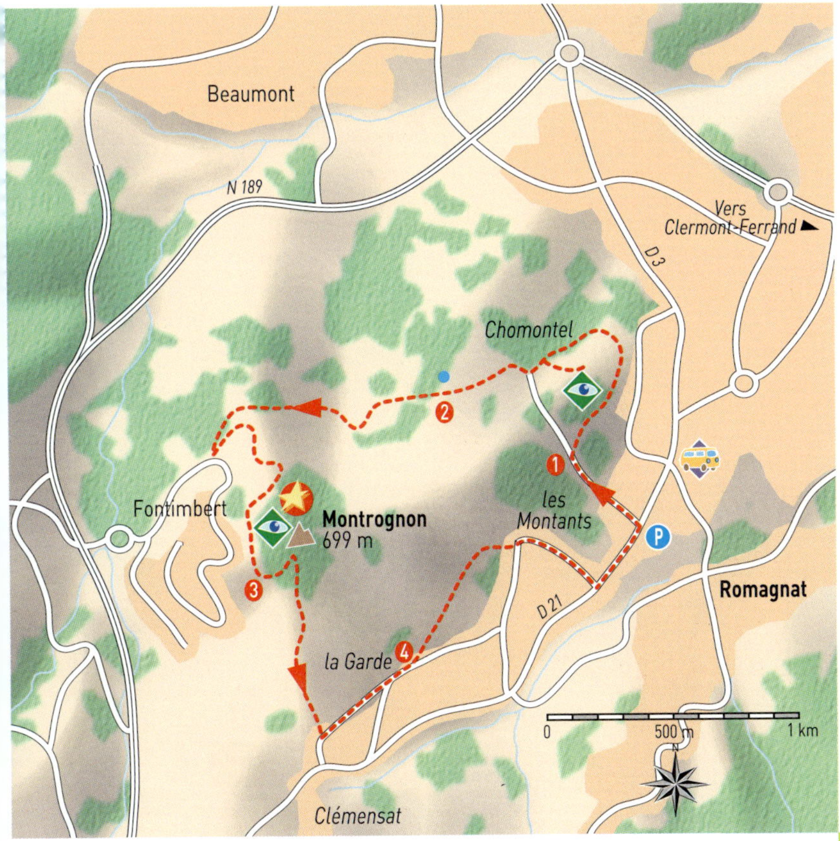

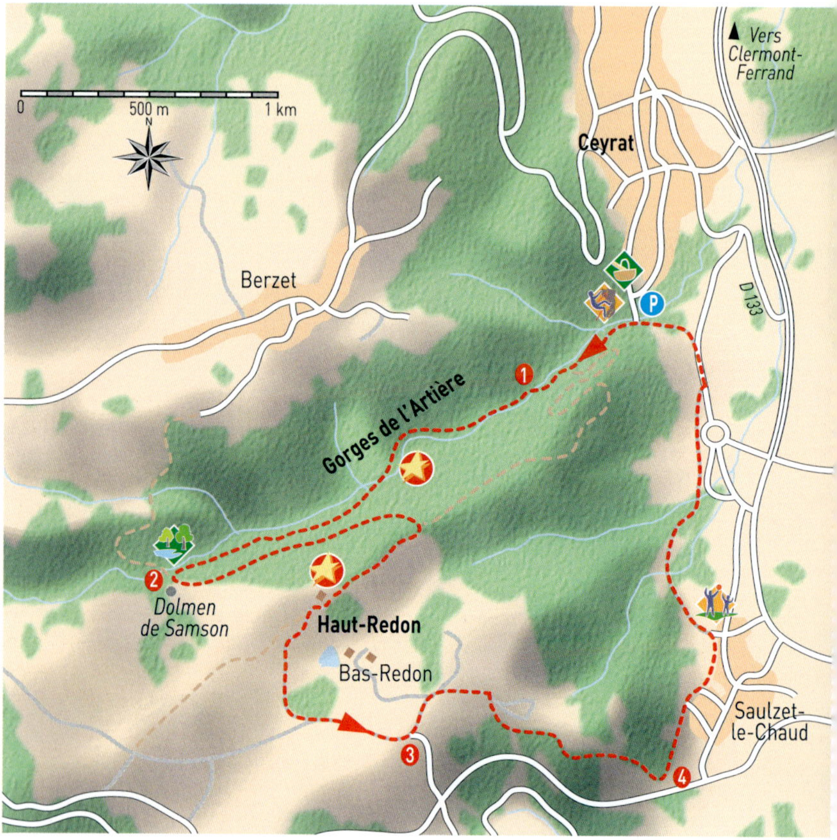

Le dolmen de Samson.

Ceyrat et les gorges de l'Artière.

Sentier dans les gorges menant au dolmen de Samson.

Accès: prendre la direction Beaumont puis traverser Ceyrat. Laisser la D 133 sur la droite. Juste après le pont sur l'Artière, dans un virage à gauche, se garer à droite (8 km de Clermont)
Départ: parking sur la droite après le pont de l'Artière à la sortie de Ceyrat, direction Saulzet-le-Chaud, 577 m (45°72 N/3°06 E)
But: les gorges de l'Artière, le dolmen de Samson, et la vue du plateau de Redon
Difficulté: le caractère très varié de l'itinéraire fait oublier le peu de difficultés
Période(s): toute l'année, éviter les périodes de gel et de fort enneigement.
Point culminant: 790 m
Balisage: bleu jusqu'au dolmen de Samson; jaune au niveau de Bas-Redon
Carte: IGN Top 25 2531 ET Chaîne des Puys
Infos: syndicat d'initiative de Ceyrat, 0473615323

Distance: 8,5 km | Dénivelé: 230 m | Horaire: 3h15 (boucle)

43. LES GORGES DE L'ARTIÈRE, REDON ET SAULZET-LE-CHAUD

Les gorges de l'Artière et la variété forestière qui la compose constituent un biotope remarquable. Une fois sur le plateau, c'est la découverte d'une authentique campagne très tranquille aux portes de l'agglomération clermontoise.

Emprunter le large chemin qui s'enfonce dans le bois. Après 400 m, dans une grande clairière, franchir le pont ❶. Le chemin se rétrécit un peu en suivant la rivière et pénètre un peu plus dans les bois. 800 m plus loin, traverser à nouveau le ruisseau; la sente s'élève et la forêt se découvre. Après un virage à droite, le chemin redescend puis remonte jusqu'au dolmen de Samson ❷. Derrière celui-ci, grimper un raidillon (croix bleue) sur une trentaine de mètres puis suivre les courbes de niveau à gauche jusqu'à une terrasse herbeuse. À une fourche, emprunter la sente montant à droite jusqu'à une intersection en T en face d'une forêt de sapins; bifurquer à droite. Laisser successivement une barrière puis une aire dégagée et passer une ferme à Haut-Redon. Après les bâtiments, prendre un large chemin caillouteux à gauche longeant une haute clôture. Continuer jusqu'au panneau de Redon-Bas ❸ en abandonnant une partie bitumeuse pour s'engager à gauche le long d'une allée de frênes. Traverser une bergerie bordée de sorbiers des oiseleurs puis descendre à droite à la fourche suivante derrière deux érables et un gros rocher granitique. Tourner à gauche à une vieille croix rouillée ❹ et descendre le long d'un muret bordant des maisons à l'entrée de Saulzet. Arrivé à une aire de jeux, prendre à gauche pour longer des prés. Atteindre le haut de Ceyrat, avancer vers les maisons et retrouver la route qui mène au parking de départ.

LE DOLMEN DE SAMSON

Le curieux dolmen de Samson semble être une dalle de granite posée naturellement sur d'autres rochers affleurants. Cependant, le promeneur ne peut s'empêcher d'imaginer que des hommes ont pu utiliser ces lieux pour quelque cérémonie rituelle ou simplement comme abri, il y a bien longtemps.

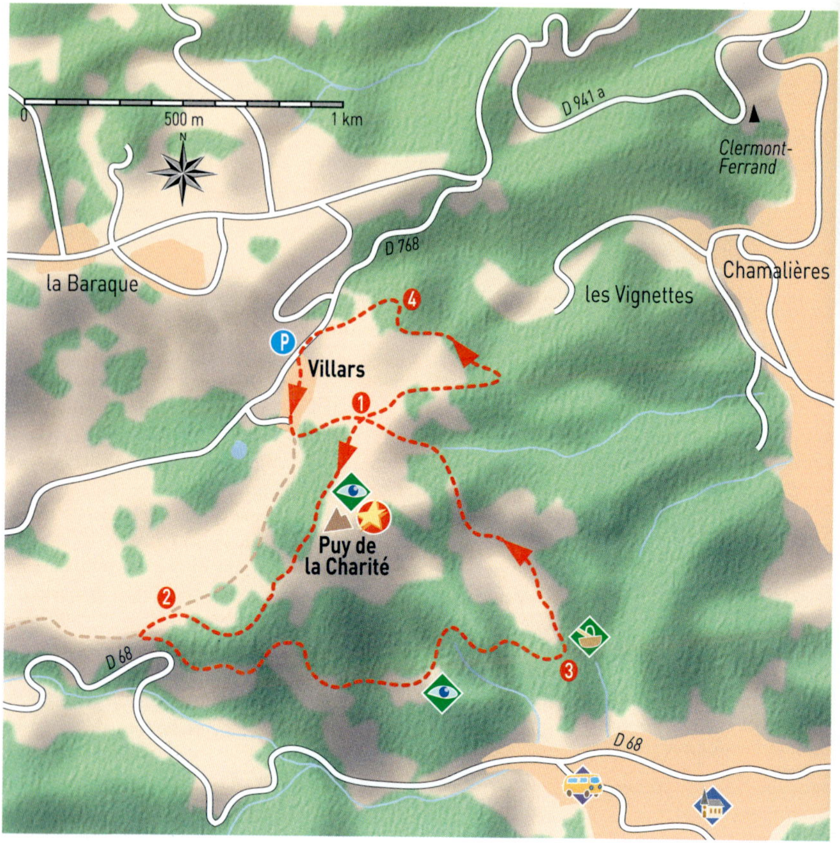

La chaîne des Puys depuis le puy de la Charité.

Distance : 5,6 km | Dénivelé : 170 m | Horaire : 2 h (boucle)

44. VILLARS ET LE PUY DE LA CHARITÉ

Chemin faisant au-dessus de la vallée de Royat.

Accès : prendre la D 941 direction Orcines. Juste avant d'entrer dans la Baraque, dans un virage à droite, tourner à gauche (D 768) à Villars (6 km, 10 mn depuis Clermont)
Départ : place de la Pierre-Levée à Villars, 710 m (45°77 N/3°03 E)
But : le puy de la Charité (762 m) et les crêtes de Royat
Difficulté : peu de dénivelée
Période(s) : toute l'année
Point culminant : 762 m au puy de la Charité
Balisage : pas de balisage particulier mais un bon fléchage
Carte : IGN Série Bleue 2531 E Clermont-Ferrand
Infos : syndicat d'initiatives d'Orcines, 0473622008

+ P'TITS PLUS +

- La boulangerie de La Font de l'arbre, baguette et boule à base farine issue de l'agriculture biologique, tél. 0473621514.
- Auberge de La Barraque, Géraldine Laubrières, tél. 0473622624.

Le promeneur se réjouira de trouver encore ici un itinéraire plaisant aux allures de campagne forestière et bocagère à quelques minutes seulement du centre de l'agglomération clermontoise, face au seigneur de la chaîne des Puys : le puy de Dôme.

Depuis la place de la Pierre-Levée, laisser la croix sur la gauche et avancer dans l'allée des Hirondelles. Cheminer devant une fontaine, longer un grand mur de propriété, passer devant l'entrée, tourner à gauche et suivre ce grand mur. 250 m après cette entrée, obliquer à droite dans un chemin herbeux entre deux prés ❶. Progresser sur un faux plat montant en bordure de pré pendant 400 m pour atteindre le sommet du puy de la Charité, matérialisé par une borne au sol quelques mètres au-dessus du chemin, et un point de vue sur le puy de Dôme. Le chemin redescend ; après quelques virages, récupérer une piste plus confortable ❷ et 150 m plus loin, à une intersection, tourner à gauche sur un chemin en hauteur qui surplombe la vallée de la Tiretaine. Suivre ce chemin sous les chênes et les châtaigniers sur 1,5 km jusqu'à une table de pique-nique ❸ puis s'élever sur une sente à gauche fléchée « Villars par Graviers ». Remonter entre des prés par cette sente qui s'élargit pour devenir une piste carrossable. Traverser un petit couvert forestier et descendre jusqu'à un carrefour proche de ❶. Tourner à droite, longer à nouveau des prés bordés de murets en pierres volcaniques recouvertes de mousses et descendre plus nettement dans la forêt. Bifurquer à gauche et 400 m après, laisser à droite un chemin qui redescend sur le stade du Colombier ❹, pour remonter une voie empierrée jusqu'à la route (D 768). Retrouver le parking du départ sur la gauche.

Royat depuis le chemin des crêtes.

Distance : 4 km | Dénivelé : 35 m | Horaire : 1 h 30 (boucle)

45. LE PLATEAU DE GERGOVIE

Panorama le plus spectaculaire sur la Limagne, le plateau de Gergovie vous invite à replonger dans l'histoire des conquêtes romaines en terre arverne, il y a plus de vingt siècles…

Depuis le parking, passer entre la maison et le restaurant ❶, et longer le bord du plateau par le chemin le plus extérieur en lisière de végétation. Laisser plusieurs sentes repiquant vers l'intérieur sur les parcelles à moutons. À proximité de la limite ouest du plateau, avant un virage à gauche, suivre un sentier descendant à droite ❷ entre prunellier et aubépine jusqu'à une large piste carrossable quelques mètres plus bas. Continuer sur celle-ci sur un peu plus de 500 m et rejoindre la route d'accès au site ❸. Sans prendre le raidillon vertical à gauche, longer la route par le dessus et gagner un petit parking ; le traverser et récupérer une sente entre des buissons menant à une nouvelle aire de stationnement ceinturant un monument aux morts ❹. Emprunter un chemin herbeux parallèle à la route pendant 600 m, puis avancer vers le virage où un panneau signale la reconstitution des remparts sud-est. Retrouver le parking de départ.

Le monument de Gergovie.

Accès : emprunter la D 2089, après Saulzet-le-Chaud, tourner à gauche (D 120 et D 800) et suivre « plateau de Gergovie » (15 km, 15 mn depuis Clermont)
Départ : parking devant le monument commémoratif en pierre, près du restaurant La Hutte gauloise, 710 m (45°72 N/3°12 E)
But : tour du plateau de Gergovie
Difficulté : aucune
Période(s) : toute l'année
Point culminant : 732 m (500 m après ❹)
Balisage : partiel jaune, repérage très facile
Carte : IGN Série Bleue 2531 E Clermont-Ferrand et IGN 2532 E Veyre-Monton (bordure de carte)
Infos : mairie de la Roche-Blanche, 04 73 79 40 09

+ P'TITS PLUS +

- Visite de la Maison de Gergovie pour tout savoir sur le site, tél. 04 73 79 42 98.

UN PEU D'HISTOIRE

Le plateau basaltique de Gergovie présente des traces d'occupation humaine du IIIe et du IIe millénaires avant notre ère. Des fortifications antérieures à celles édifiées par les Gaulois, et notamment les Arvernes, ont été mises au jour, cependant il semble établi, qu'au-delà du Ier siècle, il n'y en ait plus eu d'autres. Gergovie est connu comme lieu emblématique de la résistance de Vercingétorix à l'avancée des troupes romaines. Néanmoins, cet oppidum n'est pas le seul connu autour de la capitale auvergnate, et celui-ci reste encore aujourd'hui sujet à controverse comme lieu de bataille effective entre Arvernes et légions de César…

Vue sur Clermont-Ferrand.

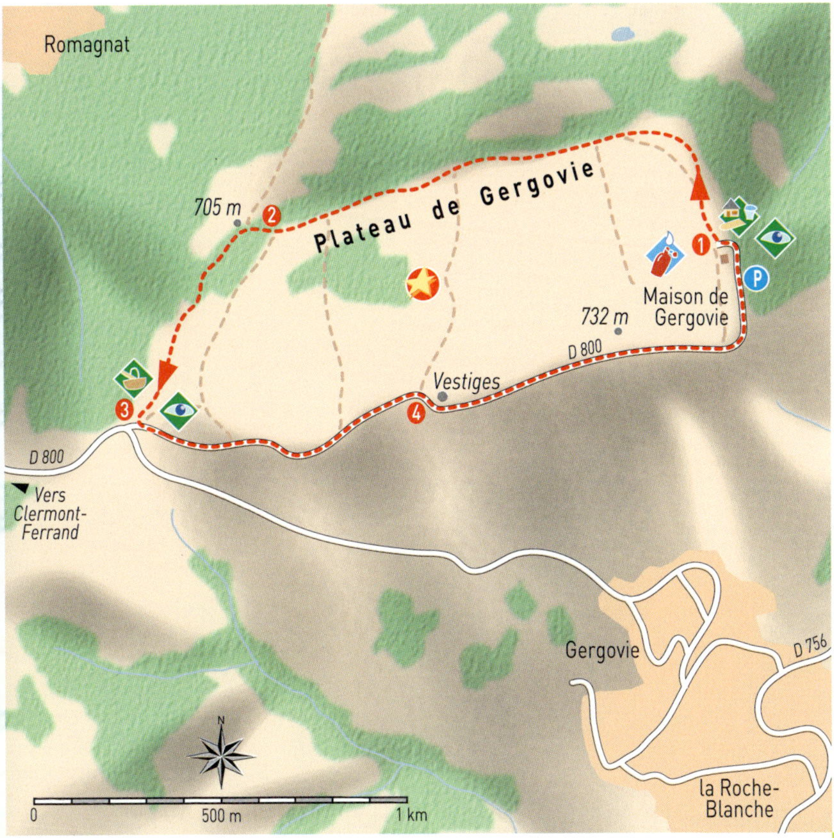

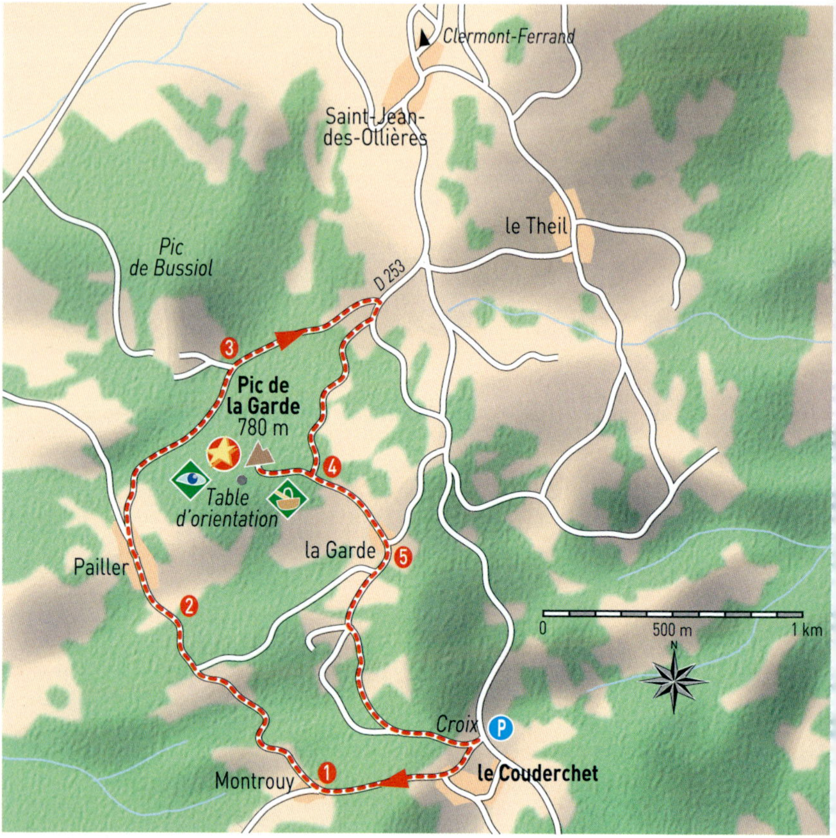

Le pic de la Garde.

Le hameau de la Garde.

Abside de l'église en grès de Saint-Jean-des-Ollières.

Accès : emprunter la D 212 en direction de Billom. Au Vernet, 3 km après Billom sur la D 997, prendre à droite la D 7. Passer Saint-Jean-des-Ollières direction Brousse sur la D 253, s'arrêter au Couderchet (46 km, 50 mn depuis Clermont)
Départ : le Couderchet, point de départ à la croix du village, 700 m (45°62 N/3°43 E)
But : sommet et tour du pic de la Garde
Difficulté : aucune
Période(s) : du printemps à l'automne, éviter les périodes de gel
Point culminant : 780 m au pic de la Garde
Balisage : aucun, repérage facile
Carte : IGN Série Bleue 2632 E Cunlhat
Infos : mairie de Saint-Jean-des-Ollières, 04 73 70 90 17

+ P'TITS PLUS +

- Sur le parcours, acheter du safran et du miel produit à la Garde, tél. 06 05 50 28 14.
- Ne pas manquer l'église de Saint-Jean-des-Ollières dont l'abside est en grès rouge violacé.

Distance : 6,6 km | Dénivelé : 200 m | Horaire : 2 h 15 (boucle)

46. LE TOUR DU PIC DE LA GARDE

Bien moins fréquenté que la chaîne des Puys et le Sancy, cet itinéraire n'en offre pas moins l'une des plus verdoyantes campagnes et l'un des plus beaux points de vue de la région.

Depuis la croix du Couderchet, emprunter le chemin bitumé qui descend en laissant le hameau sur la gauche. À la fourche à la borne à incendie, prendre à droite et longer le muret en pierres sèches. Après 500 m, bifurquer à droite dans un chemin carrossable qui passe devant deux bâtiments en pierres ❶. Le chemin, bordé de haies derrière lesquelles s'étendent des prés, se rétrécit au bout de quelques centaines de mètres pour descendre dans la forêt. Dans un virage à gauche, franchir un ru asséché, immédiatement bordé par un grand mur en pierres ❷, puis remonter à droite une petite partie humide et caillouteuse entre une maison et un bâtiment agricole. Traverser Pailler, puis à la sortie du lieu-dit, laisser le chemin bitumé pour une piste qui s'élève à droite d'un corps de ferme. Rester sur celle-ci pour atteindre la carrière du pic de Bussiol, et récupérer à droite un chemin goudronné ❸ qui rejoint la D 253. Suivre la route à droite sur moins de 100 m et prendre la sente montante indiquée « Pic de la Garde ». Au bout de 800 m, on rejoint la Garde, obliquer à droite ❹ et contourner le réservoir d'eau par la gauche pour atteindre le sommet du pic rocheux surplombé d'une Vierge couronnée ; profiter du panorama sur la chaîne des Puys, le Sancy, le Livradois... Revenir à l'intersection précédente ❹ et traverser la Garde. Laisser la route à gauche pour prendre un chemin herbeux après la dernière maison à droite ❺. Après quelques virages, le chemin descend dans la forêt pour rejoindre le Couderchet.

Distance : **7,9 km** | Dénivelé : **315 m** | Horaire : **3 h 15 (boucle)**

47. LES GROTTES DE PERRIER

Visibles depuis la vallée de la Couze Pavin, les nombreuses cavités de la falaise au-dessus du village de Perrier intriguent le promeneur. La curiosité invite à venir découvrir leur histoire et leurs nombreux mystères au cours de cet agréable circuit...

Monter la rue des Grottes, et tourner à gauche à l'intersection pour gagner la rue de la Baricoune et le chemin des Roches ❶. Grimper le chemin ; arrivé au carrefour ❷, bifurquer à droite et longer le plateau. Descendre sur une piste ❸ et la suivre à flanc. Passer un petit ruisseau dans une partie boisée ❹, puis atteindre un croisement. Monter à gauche le long de la lisière, puis tourner à droite et s'élever à gauche sur un chemin parallèle au ruisseau de Boulade ❺. À proximité d'une petite étendue d'eau du plateau de Pardines ❻, obliquer à gauche et avancer vers le bord du plateau pour ensuite descendre à droite. À l'intersection suivante ❼, continuer à gauche et récupérer un chemin goudronné au-dessus du cimetière. Retrouver Perrier et son avenue principale en descendant la rue du Coudert.

Laiteron de plumier (Cicerbita plumie

Accès : prendre l'A 75, puis la sortie 6 et la D 978 jusqu'à Champeix. Suivre la D 996 à gauche jusqu'à Perrier (37 km, 40 mn depuis Clermont)
Départ : avenue de l'Église à Perrier, 430 m (45°54 N/3°19 E)
But : les grottes de Perrier et le plateau de Pardines
Difficulté : un peu de dénivelée
Période(s) : toute l'année, hors période de gel et de neige
Point culminant : 600 m (au-dessus de Roche Noire, entre ❻ et ❼)
Balisage : partiel (début et fin) jaune
Carte : IGN Série Bleue 2532 E Veyre-Monton
Infos : mairie de Perrier, 04 73 89 14 98

+ P'TITS PLUS +

• À Issoire : visite de l'église romane majeure de Saint-Austremoine.

LES GROTTES

Les grottes de Perrier ont été creusées dans des dépôts d'avalanches de débris de roches et de boues volcaniques, issues des massifs de l'Aiguiller et du Sancy. Habitées au moins depuis la préhistoire, elles ont été occupées jusque dans la première partie du XXe siècle.
La tour de Maurifolet (juste après le ❶) constitue le vestige d'un important système de fortification féodal disparu suite à de nombreux éboulements. Toujours en cours de réhabilitation, Perrier compte environ 300 grottes et caves...

Les grottes dans la falaise de Perrier. À gauche, la tour de Maurifolet.

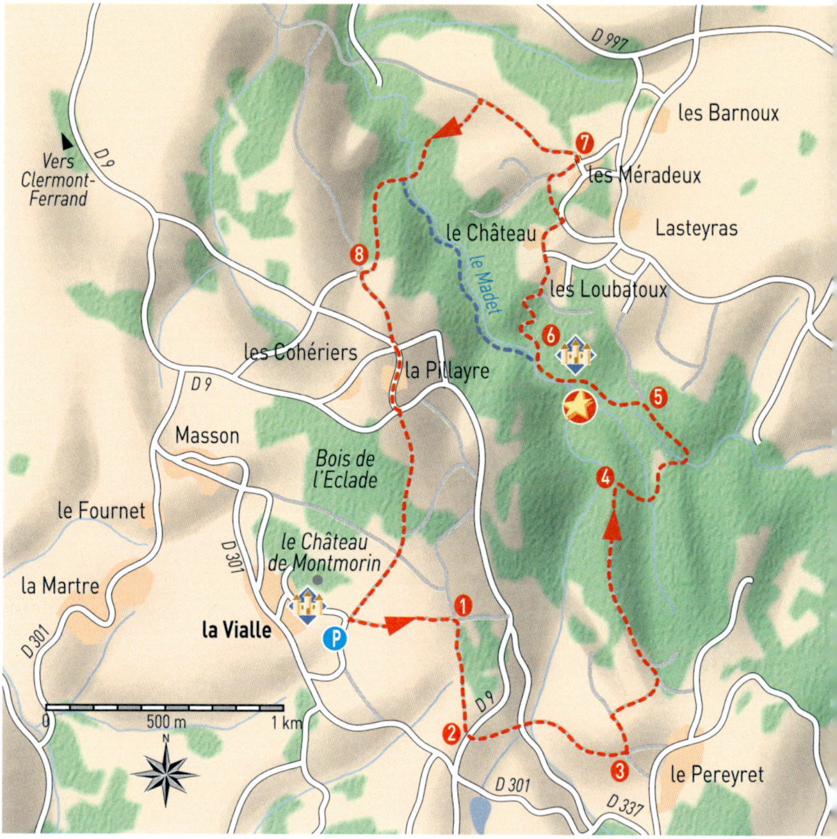

Le château de Mauzun.

Un pont sur le Madet.

Distance : 9,4 km | Dénivelé : 320 m | Horaire : 3h45 (boucle)

Le château de Montmorin.

Accès : partir direction Cournon-d'Auvergne pour Billom par la D 212, puis emprunter la D 9 jusqu'à la Vialle (31 km, 35 mn depuis Clermont)
Départ : la Vialle, parking sur la D 301 au carrefour sud-est du château de Montmorin, 585 m (45°69 N/3°36 E)
But : circuit autour de Montmorin et de Madet
Difficulté : un peu de dénivelée ; parfois boueux et glissant
Période(s) : du printemps à l'automne, attention en saison de chasse
Point culminant : 595 m (au jalon ❸)
Balisage : partiel jaune
Carte : IGN Série Bleue 2632 O Issoire
Infos : OT du pays de Billom, 0473683985

+ P'TITS PLUS +

- Visiter le château de Montmorin, tél. 0473683094.
- Durant l'été, Fêtes médiévales au château de Mauzun, tél. : 0670102229.
- Billom, capitale de l'ail ! Achetez-en au marché ou chez les nombreux producteurs locaux.

48. ENTRE CHÂTEAUX ET MADET

Pas un sommet sans un château sur cet itinéraire… À moins d'être dans la forêt « magique » du vallon du Madet ! Avis aux amateurs de vieilles pierres et de sources fraîches sur ce parcours un peu plus sportif dont l'effort sera récompensé.

Dos à la route menant au château, avancer le long de parcelles agricoles. Au carrefour, prendre à droite vers le bosquet d'arbre ❶, le longer et rejoindre la D 9. Couper la route ❷ et descendre dans le terrain à gauche dans le virage de la D 337. Traverser la route et continuer en face, rattraper une piste plus large à une intersection en T ❸, suivre sur la gauche pour contourner le terrain. Arriver en lisière de bois et descendre dans la vallée (escaliers) ❹ et bifurquer à gauche. Franchir un ponton, puis descendre sur la gauche ❺ pour récupérer le ruisseau du Madet. Après un coude ❻, monter un chemin jusqu'aux Loubatoux, suivre à gauche le Château puis contourner par la gauche les Méradoux. Quitter ce dernier lieu-dit par une large piste bordée de quelques arbres ❼. 500 m après, bifurquer à gauche et descendre dans le vallon forestier du Madet, franchir le ruisseau et remonter dans le bois jusqu'à un croisement devant un hameau ❽. Tourner à gauche en direction du château, passer un terrain de tennis, puis traverser un pâté de maisons (la Pillayre). Continuer tout droit sur 1 km et retrouver le parking de départ.

Variante : pour un plaisir prolongé au fil de l'eau, vous pouvez continuer à descendre le cours du Madet jusqu'au pont suivant (de ❻ sous Loubatoux) vers la jonction entre Méradeux et Cohériers).

UN PAYS DE CHÂTEAUX

L'incroyable abondance des châteaux locaux signifie la vitalité médiévale de ces lieux où le climat favorable, la disponibilité forestière et l'abondance de l'eau permettaient à une grande communauté d'y vivre. Les ruines de la vallée du Madet témoignent également d'une activité encore récente des moulins. Ce circuit a vocation de ne pas l'oublier…

Distance : 4,3 km | Dénivelé : 100 m | Horaire : 1 h 30 (boucle)

49. L'OPPIDUM DE CORENT

Surplombant l'Allier, cette balade vous convie sur un site archéologique gaulois offrant un panorama nouveau à chaque virage au travers de l'histoire d'un village vigneron.

Au bout de la route, après le réservoir, emprunter la large piste derrière les rochers et longer la bordure de plateau jusqu'au stade. Contourner celui-ci par la gauche, passer devant la table d'orientation ❶ et descendre la route du Puy à droite. À l'épingle, continuer tout droit, récupérer une piste dans un virage sec et prendre à droite jusqu'à la carrière de Roc Rouge ❷. Suivre ensuite une sente à flanc en contrebas, déboucher sur un affleurement, emprunter le chemin de gauche le plus large ❸. Continuer le tour du plateau par le chemin de l'oppidum menant au village de Soulasse. Passer devant une Vierge dans la roche sous l'église ❹. Avancer sur la route bitumée du chemin de Corent (panorama sur Monton et le puy de Dôme), cheminer devant plusieurs maisons et gagner l'intersection de champ Fonzade ❺ puis remonter au parking de départ.

Variante : à Soulasse, 100 m après l'église, monter le chemin à droite et récupérer le plateau de Corent en longeant la partie boisée jusqu'au lac du Puy. Retrouver le parking.

L'Allier vu depuis le village de Corent.

Accès : prendre l'A 75, puis sortie 4. Traverser les Martres-de-Veyre (D 978) jusqu'à Corent. Monter le chemin de la Noyeraie et tourner à gauche sur champ Fonzade (20 km, 25 mn de Clermont)
Départ : à Corent, sur champ Fonzade, 570 m (45°66 N/3°19 E)
But : tour de l'oppidum de Corent
Difficulté : toute l'année, attention en hiver
Période(s) : pas de difficulté particulière
Point culminant : 570 m (parking de départ)
Balisage : partiel jaune, entre la bordure sud du plateau et Soulasse
Carte : IGN Série Bleue 2532 E Veyre-Monton
Infos : mairie de Corent, 04 73 96 61 08

+ P'TITS PLUS +

- Visite de l'oppidum de Corent avec un guide conférencier, tél. 06 89 34 71 23.

LES ARVERNES À CORENT

Le puy de Corent est un plateau d'origines sédimentaire et volcanique, en inversion de relief (les roches sédimentaires, visibles au nord, sont traversées par un grand volcan de type maar – activité phréatomagmatique –, recouvert, au sud, d'un cône de scories et coulées de basalte associées). L'abondance de pièces archéologiques de tous types (monnaies, poteries, fibules…) trouvées sur le site en font très certainement la plus importante installation locale du peuple Arverne. Par sa position stratégique et climatique intéressante, il est aisé de comprendre l'intérêt des hommes à avoir voulu s'attacher à ces coteaux, cultivés, encore aujourd'hui, de vignoble.

Le plateau de Corent.

Le village de Corent.

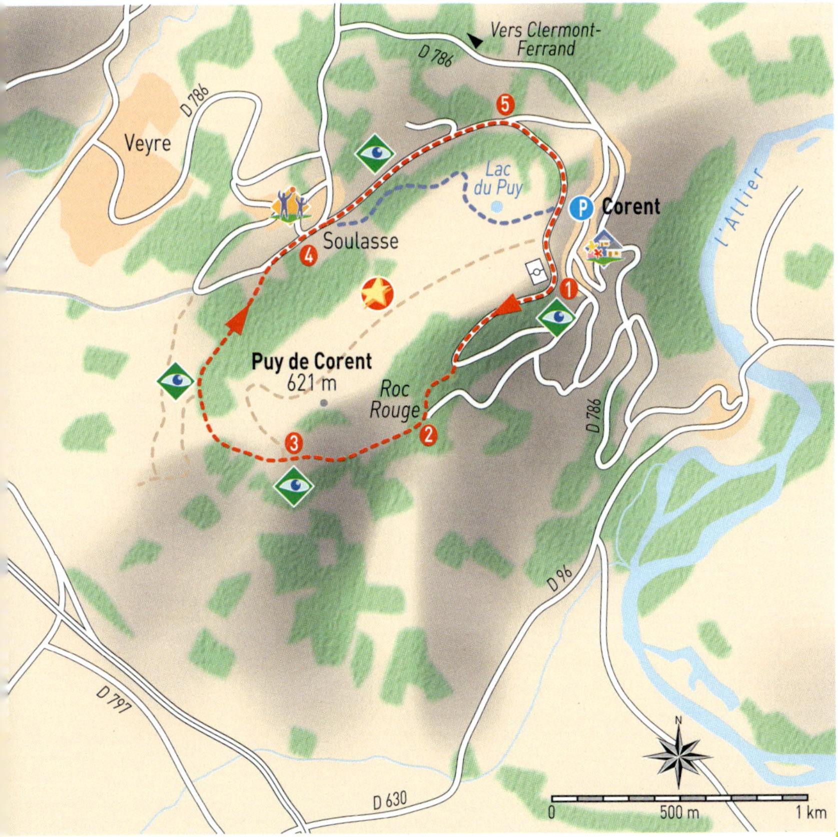

Distance : 4,4 km | Dénivelé : 100 m | Horaire : 1 h 30 (boucle)

50. LA DÉCOUVERTE DE MONTPEYROUX

Montpeyroux séduit ses visiteurs par la beauté méridionale de son arkose blonde, de son vignoble et de ses panoramas. Facile d'accès, cette « pépite » surplombant l'Allier émerveillera les promeneurs qui viendront confirmer son label obtenu en 1989 de « plus beau village de France ».

Avancer vers le village et passer entre l'ancienne carrière d'arkose et le bâtiment de l'office du tourisme. Au rond-point, prendre à droite rue de l'Hume, longer la rangée de ceps de vigne, puis tourner à gauche rue de la Ronzette. Au bout, obliquer à droite et à gauche après la dernière maison. À la croix ❶, suivre à droite le chemin de la Côte des Perreaux. Après 900 m, à l'intersection, descendre à droite. Juste après la fontaine et l'ancien lavoir ❷, monter à gauche un chemin bordé d'un vieux muret jusqu'à la route, puis continuer en face. Prendre deux fois à gauche, longer le cimetière par la droite, passer un parking et monter dans le village jusqu'à la tour. La contourner dans le sens horaire, obliquer à droite rue des Cave, puis à gauche rue de la Grande-Charreyre. Passer la porte des remparts ❸ et l'église, tourner à droite rue de la Reine et rejoindre le rond-point de départ.

La tour de Montpeyroux.

Accès : prendre l'A 75, puis la sortie 7. Montpeyroux est le premier village au sortir de l'A 75 (23 km, 25 mn de Clermont).
Départ : grand parking aménagé à l'entrée de Montpeyroux, 457 m (45°62 N/3°20 E)
But : le tour de Montpeyoux puis visite du village
Difficulté : aucune
Période(s) : toute l'année
Point culminant : 490 m
Balisage : aucun, mais repérage très facile
Carte : IGN Série Bleue 2532 E Veyre-Monton
Infos : Bureau de tourisme de Montpeyroux, 04 73 54 19 10

+ P'TITS PLUS +

- Visite du village avec un guide conférencier, tél. 06 89 34 71 23.

MONTPEYROUX

Les carrières d'arkose ont servi à l'édification des églises Saint-Austremoine à Issoire et Notre-Dame-du-Port à Clermont-Ferrand. Le donjon de Montpeyroux, daté du XIIIe siècle, dispose d'un escalier pris dans l'épaisseur de ses murs et donnant accès, après 3 étages (30 m d'ascension), à une plateforme crénelée où la vue est spectaculaire.
Le phylloxera et la guerre ont terni la prospérité viticole du village ; celui-ci, quasiment ruiné et abandonné, sera restauré dans les années 1960 à l'initiative de l'architecte Perol et du préfet Pérony.

L'agréable village de Montpeyroux.

Les remparts au sommet de la tour.

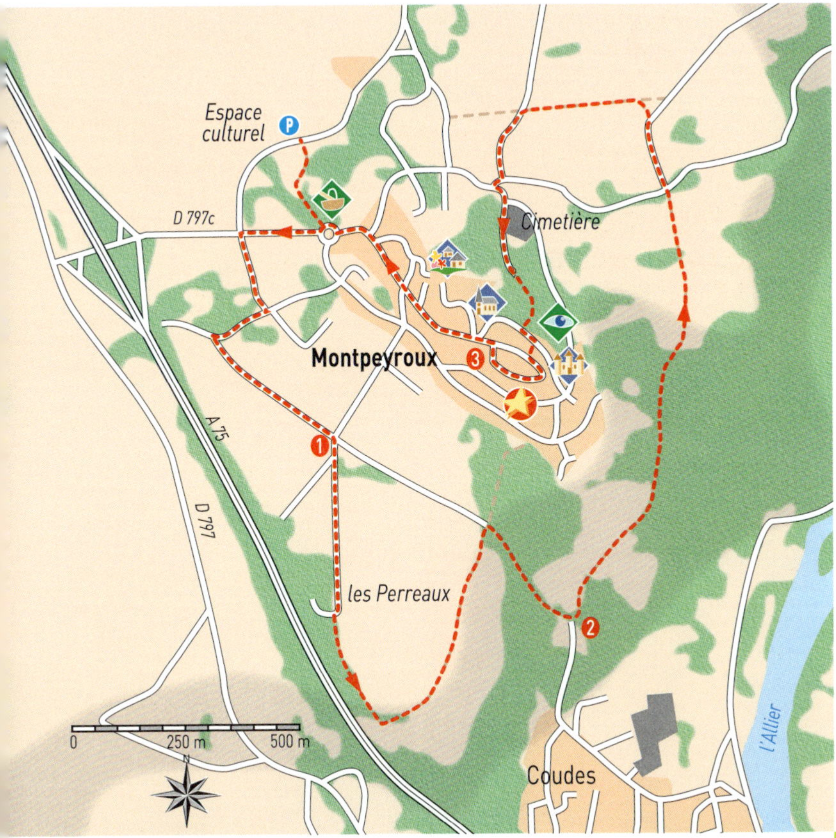

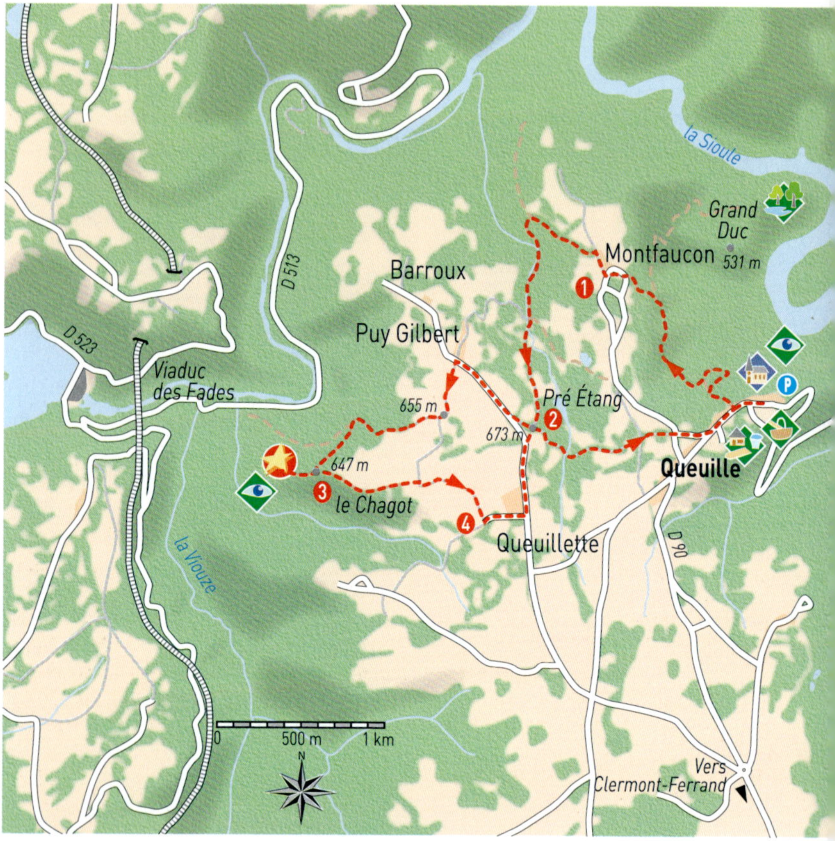

Le méandre de Queuille.

Le viaduc des Fades.

Couleuvre à collier (Natrix natrix).

Accès : emprunter l'A 71, puis l'A 89 et prendre la sortie 27. Suivre Manzat par la D 227, Saint-Georges-de-Mons par la D19, puis Queuille par la D 90 (54 km, 55 mn depuis Clermont-Ferrand).
Départ : parking vers l'église de Queuille, 695 m (45°97 N/2°85 E)
But : balade au départ de Queuille, contempler un des méandres de la Sioule et le viaduc des Fades.
Difficulté : aucune
Période(s) : toute l'année
Point culminant : 695 m
Balisage : jaune
Carte : IGN Série Bleue 2430 E Saint-Gervais-d'Auvergne
Infos : OT des Combrailles, 04 73 85 80 94

Distance : 9,7 km | Dénivelé : 240 m | Horaire : 3h30 (boucle)

51. DU MÉANDRE DE QUEUILLE AU VIADUC DES FADES

Dans la partie est du pays des Combrailles, venez découvrir l'un des plus prestigieux vestiges de l'histoire ferroviaire mondiale dans une vallée boisée éloignée des tumultes touristiques et au fil des circonvolutions de la Sioule.

Depuis l'église, emprunter la rue principale, puis, rapidement, bifurquer à droite dans une ruelle entre les maisons. Gagner un large chemin dans une hêtraie, laisser celui qui descend à droite pour suivre à flanc à gauche. Grimper ensuite pour rejoindre Montfaucon au sortir de la forêt et récupérer la route à droite, puis s'engager dans la première à droite ❶. Après 100 m, tourner à gauche dans une allée bordée d'arbres, descendre dans la forêt, puis obliquer à gauche pour remonter un chemin. Passer une intersection, à la suivante, tourner à droite ❷ pour trouver la route après une centaine de mètres. Atteindre Puy-Gilbert, bifurquer à gauche à l'angle du premier bâtiment. Après le premier virage à gauche, laisser la piste principale pour descendre le chemin herbeux à droite et entrer dans la forêt. Au croisement de pistes (possibilité de descendre pour atteindre un point de vue puis faire demi-tour), s'élever à gauche ❸ et longer un pré ; ignorer la première piste à gauche. À l'intersection en T ❹, tourner à gauche, puis encore à gauche après les bâtiments agricoles. Quitter la route pour un chemin herbeux à droite et retrouver un carrefour connu ❷, bifurquer à droite, puis remonter jusqu'à Queuille.

LE VIADUC DES FADES

Construit entre 1901 et 1909 par Félix Virard, le viaduc des Fades, d'une longueur de 470 m et d'une hauteur de 133 m, était à l'époque le plus haut pont du monde ! Il reste aujourd'hui le deuxième plus haut pont ferroviaire d'Europe, mais conserve les plus hautes piles de pont au monde en maçonnerie traditionnelle (moellons en granit). L'exploitation fut suspendue en 2007 pour des raisons de sécurité et de manque d'entretien.

Distance : **2,5 km** | Dénivelé : **60 m** | Horaire : **1 h 15 (boucle)**

52. LA PRESQU'ÎLE DE SAINT-CYRGUES

La Sioule fait l'objet de plusieurs classements Natura 2000 tant ses gorges abritent une avifaune exceptionnelle (faucon pèlerin, martin et balbuzard pêcheurs...). Forêts et patrimoine historique s'ajoutent également pour ne pas manquer de découvrir le village thermal de Châteauneuf-les-Bains.

Depuis le parking près du bassin de la source Lefort, remonter le cours de la Sioule et passer devant l'établissement thermal ❶. Gagner, puis dépasser les maisons des Méritis ❷ tout en longeant la rivière. Après un virage à la pointe sud du méandre ❸, remonter un chemin plus étroit vers le point culminant de la presqu'île. Passer devant les ruines d'une chapelle romane et descendre vers la D 109 ❹. Traverser l'arboretum et retrouver le chemin de départ pour accéder au parking.

Vipérine commune (Echium vulgare).

Accès : emprunter l'A 71, puis l'A 89 et prendre la sortie 27. Suivre Manzat puis Chateauneuf-les-Bains par la D 227 (56 km, 55 mn depuis Clermont)
Départ : parking de la source Lefort après les thermes de Châteauneuf-les-Bains sur la D 109, 385 m (46°03 N/2°90 E)
But : tour de la presqu'île de Saint-Cyrgues
Difficulté : aucune
Période(s) : toute l'année
Point culminant : 434 m
Balisage : aucun mais repérage très facile
Carte : IGN Série Bleue 2530 O Manzat
Infos : OT des Combrailles, 04 73 85 80 94

+ P'TITS PLUS +

• Restaurant L'escale à Lachaux, spécialités friture, tél. 04 73 86 40 59.

LES EAUX DE LA SIOULE

La Sioule prend sa source au lac Servières en bordure du massif du Sancy puis parcourt 150 kilomètre avant de rejoindre l'Allier. Le site de la presqu'île à Châteauneuf-les-Bains rappelle étrangement le méandre de Queuille un peu plus en amont. L'édification d'une église au Xe siècle, dont les ruines son aujourd'hui envahies par la végétation, n'est certainement pas étrangère à la présence des sources à l'instar de la statue de la Vierge érigée par Jean-Pierre Alibert, ingénieur ayant exploré la Sibéri au XIXe siècle, revenu presque paralysé de rhumatisme et guéri miraculeusement par les eaux locales

Anémone fausse renoncule (*Anemone ranunculoides*).

Les gorges de la Sioule à Châteauneuf-les-Bains.

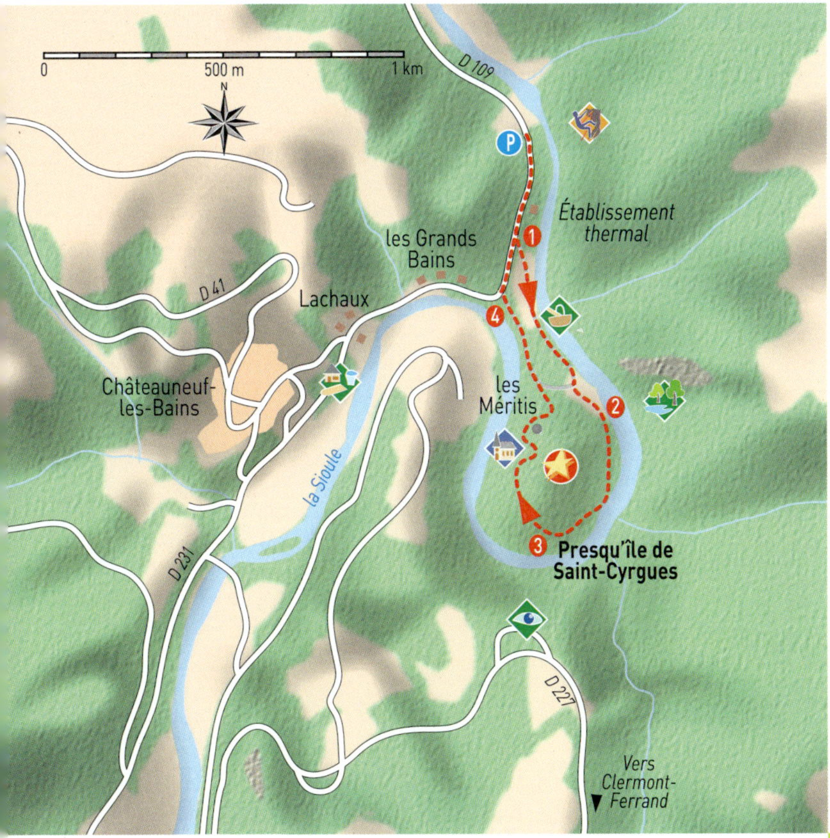

L'AUTEUR

Favorisé par un environnement familial montagnard dès sa plus tendre enfance, le goût de **Jean-Michel Bernardon** pour les grands espaces naturels et sauvages ne s'est jamais estompé. Accompagnateur en montagne et géologue de formation, sa passion pour les terres polaires et l'arc alpin ne lui fait pas négliger pour autant les charmes de sa région natale auvergnate où il est membre du collectif local de professionnels d'activités de pleine nature « Auvergnattitude ». Il remercie en particulier Éric Vallé, conservateur de la réserve naturelle de Chaudefour, pour son aide et son amitié, et dédie cet ouvrage à sa compagne et à sa fille pour leur patience…

Achevé d'imprimer en Espagne en mars 2018 par Indice S.L.,
sur papier provenant de forêts gérées de manière durable.